Christian Sickel

Mehr Umsatz mit Kaltakquise und Direktbesuch

Christian Sickel

Mehr Umsatz mit Kaltakquise und Direktbesuch

Ein Survival-Training
für Verkäufer im Außendienst

2., ergänzte Auflage

GABLER

Bibliografische Information der Deutschen Nationalbibliothek
Die Deutsche Nationalbibliothek verzeichnet diese Publikation in der
Deutschen Nationalbibliografie; detaillierte bibliografische Daten sind im Internet über
<http://dnb.d-nb.de> abrufbar.

1. Auflage 2009
2., ergänzte Auflage 2011

Alle Rechte vorbehalten
© Gabler Verlag | Springer Fachmedien Wiesbaden GmbH 2011

Lektorat: Manuela Eckstein

Gabler Verlag ist eine Marke von Springer Fachmedien.
Springer Fachmedien ist Teil der Fachverlagsgruppe Springer Science+Business Media.
www.gabler.de

Das Werk einschließlich aller seiner Teile ist urheberrechtlich geschützt. Jede Verwertung außerhalb der engen Grenzen des Urheberrechtsgesetzes ist ohne Zustimmung des Verlags unzulässig und strafbar. Das gilt insbesondere für Vervielfältigungen, Übersetzungen, Mikroverfilmungen und die Einspeicherung und Verarbeitung in elektronischen Systemen.

Die Wiedergabe von Gebrauchsnamen, Handelsnamen, Warenbezeichnungen usw. in diesem Werk berechtigt auch ohne besondere Kennzeichnung nicht zu der Annahme, dass solche Namen im Sinne der Warenzeichen- und Markenschutz-Gesetzgebung als frei zu betrachten wären und daher von jedermann benutzt werden dürften.

Umschlaggestaltung: KünkelLopka Medienentwicklung, Heidelberg
Satz: ITS Text und Satz Anne Fuchs, Bamberg
Druck und buchbinderische Verarbeitung: AZ Druck und Datentechnik, Berlin
Gedruckt auf säurefreiem und chlorfrei gebleichtem Papier
Printed in Germany

ISBN 978-3-8349-3142-9

Was Sie von diesem Buch erwarten können

Wenn Sie sozusagen eine Geheimwaffe für das Verkaufen suchen, tun Sie sich bitte einen Gefallen und legen Sie dieses Buch wieder beiseite. Nach 13 Jahren Verkaufspraxis kann ich behaupten, dass es keine Geheimwaffe gibt. Dieses Buch soll Ihnen aber zeigen, dass Verkaufen einerseits knochenharte Arbeit, andererseits eine der schönsten und interessantesten Aufgaben ist, die man sich vorstellen kann. Außerdem sollte man nicht vergessen und auch nicht verleugnen: Wir arbeiten alle für Geld, und da liegen gute Verkäufer immer ganz vorne.

Als ich 1981 bei einem amerikanischen Kopierautomatenhersteller angefangen habe, gab es nur eine Erfolgsstrategie: „Nicht reden, sondern machen!" Nach sechs Wochen „Trainingslager" gingen wir hochmotiviert ins „Feldtraining" und mussten zu unserem Entsetzen feststellen, dass es nun doch nicht so einfach war, mal eben einen Termin zu bekommen oder gar ein Gerät zu verkaufen. Die Enttäuschung, als wir erfuhren, dass unsere Trainer noch nie bei einem Kunden waren, ging nun in Zweifel über, ob man uns nicht grundsätzlich etwas Falsches beigebracht hatte. Also beschlossen wir, dass es für uns nur eine Lösung gäbe, nämlich „loszulegen" und zu sehen, was passiert. Unsere guten Absichten wurden auch direkt dahingehend belohnt, dass wir Direktbesuche machen durften.

Als ich in dem mir zugewiesenen Gebiet angekommen war, suchte ich mir erst einmal eine „gemütlich" aussehende Firma aus. Nach näherem Hinsehen stellte ich fest, dass sie zu klein für meine Zwecke war. Die nächste war zu groß, und bei der dritten erinnerte ich mich daran, dass es Sommer war und bei diesem Unternehmen bestimmt Betriebsruhe herrschte. So ging das den ganzen Vormittag. Der Mensch kann unglaublich kreativ werden, wenn es darum geht, Ausreden zu finden, um etwas scheinbar

Unangenehmes nicht tun zu müssen. Abends im Hotel angekommen, stellte ich zu meinem Entsetzen fest, dass es doch tatsächlich „Verräter" unter uns gab, die es einfach getan hatten. Sie waren unangemeldet zu Firmen gegangen und hatten sich vorgestellt. Ich war regelrecht angewidert. Am nächsten Morgen fuhr ich wieder in mein Gebiet mit dem Vorsatz, dasselbe zu tun. Das wollen wir doch erst einmal sehen, sagte ich mir.

Nachdem ich mir bei der ersten Firma einbildete, dass da überhaupt kein richtiger Klingelknopf sei, setzte ich mich zunächst einmal wieder in mein Auto, um mich von dieser Anstrengung zu erholen. Erst mal eine Zigarette und einen Schluck Cola. Tja, meine Damen und Herren, es ist schon sehr ermüdend, sich dauernd selbst im Wege zu stehen. Ich kann heute nicht mehr sagen, warum, aber irgendwie musste ich an einen Freund denken. Dieser hatte einmal Folgendes zu mir gesagt:

> „Stell dir vor, du bist 100-Meter-Läufer und trainierst das ganze Jahr, jeden Tag für die nächste Olympiade oder was auch immer. Du hast Schmerzen, Schweiß, Tränen und Entbehrungen hinter dir gelassen. Die ganze Zeit hast du die Zähne zusammengebissen. Dann ist es soweit. Du gehörst zu denen, die es probieren dürfen. Der Startschuss fällt. Du läufst 50 Meter, und dann bleibst du einfach stehen. Aus! Vorbei! Ohne ersichtlichen Grund. Du weißt alles, du kannst alles, aber du bist einfach stehen geblieben. *Du hast einfach nicht an dich geglaubt und deinem Leben nicht vertraut.*
>
> Vielleicht hast du gedacht, sowieso nicht als Erster durchs Ziel zu kommen, aber wer gewinnt schon beim ersten Versuch? Es hat noch die halbe Strecke gefehlt, und du wärst im Ziel gewesen. Gut, du hast nicht direkt versagt, und jeder wird Verständnis dafür haben. Die Leute werden sagen: Vergiss es! Schwamm drüber! Der Einzige, der nicht vergessen wird und sich für den Rest seines Lebens Vorwürfe machen wird, bist du. 50 Meter für ein ganzes Leben Selbstvorwürfe und Zweifel an dir. Ein schlechter Tausch."

Plötzlich machte ich mir überhaupt keine Gedanken mehr darüber, was mich wohl erwarten würde. Ob die Leute freundlich oder unfreundlich zu mir sein würden, interessierte mich nicht mehr. Auch diese legendären Geschichten über Rausschmisse konnten mich nicht mehr davon abhalten. Mein Ziel für diesen Tag war es, Direktbesuche zu machen.

Ich will heute gar nicht mehr wissen, was ich den Kunden alles erzählt habe. Merkwürdigerweise war von den garstigen Menschen, die in meiner Vorstellung schon kettenrasselnd auf mich warteten, weit und breit nichts zu sehen. Es wurden auch keine Hunde auf mich gehetzt. Im Gegenteil: Die Leute waren freundlich zu mir. Vielleicht weil ich noch ein wenig unbeholfen oder aber weil ich einfach auch freundlich zu ihnen war. Ich weiß es heute nicht mehr.

An diesem Tag hatte ich gelernt, dass es viel einfacher ist, sich selbst zu überwinden und etwas zu tun, als andauernd gegen sich zu kämpfen, sich tagelang im inneren Kriegszustand zu befinden und mit einem schlechten Gewissen umherzulaufen.

Ich erinnere mich noch sehr gut an dieses unbeschreibliche Erfolgsgefühl nach meinem ersten Besuch. Ich hatte zwar geschäftlich nicht viel erreicht, aber das war in diesen Moment egal. Ich hatte es getan: Das war wichtig! Sonst nichts.

Also, dieses Buch soll Ihnen keine Allheilmittel präsentieren, mit denen Sie im „Feld" dann kläglich scheitern. Das erfolgreiche Verkaufen bekommt man nämlich nicht auf einem Tablett serviert, sondern man tut es. Es erzählt Ihnen Dinge, über die Sie schmunzeln können, und versucht, Sie bei dem zu unterstützen, wozu Sie sich entschlossen haben, nämlich zu verkaufen. Dieses Buch soll Sie keinesfalls dazu motivieren, Dinge zu probieren, die Sie noch nicht kennen oder die Sie kennen, aber noch nie versucht haben. Viel schlimmer: Es soll Sie regelrecht dazu anstiften!

Selbst wenn ich vor einigen Jahren ins Trainerlager übergewechselt bin, so vertrete ich immer noch die Meinung, dass das Verkaufen, nach einer Grundausbildung, nur beim Kunden gelernt werden kann. Deshalb ist eine weitere Art des Trainings, der aus meiner Sicht viel zu wenig Aufmerksamkeit geschenkt wird, der Erfahrungsaustausch unter Verkäufern. Hier können Sie immer noch die besten Tricks und Kniffe lernen. Oder um es mit einem abgewandelten Bonmot von Goethe zu sagen:

> *Nicht nur aus Büchern, sondern auch durch lebendigen Ideenaustausch, durch heitere Geselligkeit müsst Ihr lernen.*

Sicherlich werden Sie nicht mit allem, was Sie lesen, übereinstimmen. Jeder erlebt halt *seine* Verkaufssituation. Wenn Sie ein paar Anregungen in diesem Buch finden, die Sie ausprobieren wollen, weil sie Ihnen gefallen und zu Ihnen passen, dann hat es sich für Sie und mich gelohnt.

Der Freund, der mir die Geschichte mit dem 100-Meter-Läufer erzählt hat, war übrigens mein Vater. Ich bin ihm heute noch dankbar dafür.

Für Sie liebe Leser, wünsche ich mir, dass Sie nicht stehen bleiben und sich jeden Tag dazu aufraffen, gegen sich selbst anzutreten. Nehmen Sie bitte Ihre Kunden sehr ernst, Ihren Beruf ernst und sich selbst nicht ganz so ernst. Damit haben Sie schon eine wichtige Voraussetzung für ein erfolgreiches Verkäuferleben erfüllt.

Köln, im August 2011

Ihr

CHRISTIAN SICKEL

Inhalt

Was Sie von diesem Buch erwarten können   5

**1. Der frühe Vogel pickt den Wurm –
Verschaffen Sie sich Vorsprung durch Direktbesuche**   13

   So erzielen Sie Akzeptanz   18

   Zehn Tipps für den erfolgreichen Direktbesuch   19

   Holen Sie sich Informationen vor Ort
und nutzen Sie die Unterstützung von Verbündeten   25

   Begegnen Sie dem Kunden auf seinem Terrain   28

   Die Vorteile des Direktbesuchs   29

**2. Die Stimme aus dem Off –
So gelingt die telefonische Kaltakquise**   31

   Bereiten Sie sich vor …   32

   … aber fangen Sie auch an!   34

   Die „Tote-Hosen-Tauschbörse" eröffnet neue
Chancen   36

   Versetzen Sie sich in die Rolle Ihrer
Gesprächspartner   39

   Hauruck-Akquise führt zu nichts   41

   Der erste Satz muss sitzen   44

   So vermeiden Sie Bruchlandungen
bei der Terminvereinbarung   48

   Finden Sie heraus, wer Entscheidungskompetenz
besitzt   50

   Springen Sie für Ihre Kunden durch brennende Reifen,
wenn es sein muss   54

Der Telefondummy	56
Checkliste Telefonakquise	60

3. „Brieffreundschaften" – Konkrete Angebote statt Prospektversand 61

Stehen Sie zu Ihrem Wort	63
Machen Sie keine Angebote aus der Glaskugel	65
Betrachten Sie Ihre Mitbewerber als „heilige Kuh"	68

4. Von Äpfeln, Birnen und anderen Missverständnissen – So finden Sie eine passende Lösung 71

Tragen Sie die Entscheidung mit	73
Angesprochen ist nicht gleich ausgesprochen	75
Vermeiden Sie Debatten	76
Schaffen Sie Vertrauen durch Kompetenz	78
Stellen Sie Interessefragen	79
Das Wichtigste für Ihre Bedarfsanalyse	81

5. Eskimos kaufen keine Kühlschränke – Warum Verkaufen ohne Nutzen nicht funktioniert 83

Vom Merkmal zum Vorteil	84
Vorteile sind keine Dauerbrenner	86
Vorsicht, Nutzengespenster!	87
Weniger hilft meistens mehr	92
Das Wichtigste für Ihre Nutzenargumentation	93

6. Gegen den Strom schwimmen – Vom Berater zum Verkäufer ... 95
Vier Fragen entscheiden den Gesprächsverlauf ... 96
Das betrifft alle – auch Sie und Ihre Branche! ... 102

7. Barfuß oder Lackschuh – So überstehen Sie Preisgespräche ... 105
„Räuber" 107
... gibt es auch im eigenen Lager ... 111
Machen Sie „einzigartige" Angebote ... 113
Alles inklusive? ... 117
Machen Sie es spannend! ... 120
Erfolg steigt dem zu Kopf, der dafür einen Hohlraum hat ... 124
Ihr Talent ist (nur) Assistent ... 127
Das Flohmarkt-Syndrom ... 129
Die Preisschminke ... 131
Das Kontrastprinzip ... 132
Sonderangebot oder Kultpreis? ... 135
Machen Sie Umsatz um *wirklich* jeden Preis? ... 138
Legen Sie Positionen fest ... 146
Erfüllen Sie Ihren Auftrag ... 148
Das Wichtigste zum Thema Preis ... 151

8. Ein Zweifel kommt selten allein – So machen Sie das Beste aus Einwänden ... 153
Bedenken zerstreuen statt pauschal abfertigen ... 155
Vorbeugen ist besser als Entkräften ... 156

    Beweisen Sie Spürsinn und Feingefühl 157
    Eine Frage noch ... 158
    Ich melde mich dann bei Ihnen ... 162
    Alles Ansichtssache? 163
    Dr. Kimble, immer auf der Ausflucht 166
    Provozieren Sie keine Vorwände 171
    Beim Erstkontakt ist manches anders 172
    Das Wichtigste für Ihre Einwandbehandlung 175

9. Sack zu – So kommen Sie zum Abschluss 177
    Sichern Sie Ihren Umsatz 178
    Druck erzeugt Gegendruck 181
    Zeigen Sie Flagge! 185

**Die Geschichte mit Joseph Beuys –
Nutzen Sie Ihre Chancen!** 189

Literaturverzeichnis 191

Der Autor 192

1. Der frühe Vogel pickt den Wurm – Verschaffen Sie sich Vorsprung durch Direktbesuche

Eine alte Verkäuferweisheit besagt: „Jeden Tag steht jemand auf, dem du etwas verkaufen kannst. Du musst ihn nur finden." Finden heißt allerdings suchen, und das wiederum bedeutet besuchen. Deshalb sollte jeder Verkäufer auch wissen, wie qualifizierte Direktbesuche gemacht werden. Diese bringen Ihnen nämlich nicht nur Informationen, die jeder Verkäufer braucht, um sein Gebiet im Griff zu haben, sondern auch Umsatz, mit dem Sie gar nicht gerechnet hätten – also die Kirsche auf der Sahnetorte. Denn das Schönste, was Ihnen passieren kann, ist, bei einem Direktbesuch einen Vertrag zu machen, und das passiert häufiger, als man vielleicht denkt. Auch wenn heute häufig behauptet wird, Direktbesuche seien zu teuer. Langfristig hält diese Annahme einem Vergleich niemals stand. Eine persönlich geknüpfte Kundenbeziehung hält immer länger als eine, bei der der Kunde beispielsweise von einer Telefonmarketing-Agentur zu einem Termin „genötigt" wurde.

Alle Großen, egal welche Produkte sie nun verkaufen, wissen das und handeln danach. Bei einem Direktbesuch kann wirklich alles geschehen. Wenn bei Firmen ein akuter Handlungsbedarf besteht, und Sie sind als Erster da, dann mahlen Sie auch zuerst. Bei einem Direktbesuch bei einer Transportgesellschaft wurde ich, nachdem ich mich vorgestellt hatte, wie folgt empfangen:

Sekretärin: „Kopierer? Aber Direktor Schwarz erwartet Sie doch erst in zwei Stunden, also um 16 Uhr."

Ich: „Oh, ich wusste zwar, dass ich überall gebraucht werde. Dass ich nun aber schon erwartet werde, war mir neu."

Sekretärin: „Ja, sind Sie denn nicht von der Firma Rex Rotary?"

Ich: „Nein. Ich komme von Rank Xerox."

Sekretärin: „Hm, vielleicht ist das gar nicht so dumm. Warten Sie bitte einen Moment. Ich frage Herrn Schwarz, ob er Zeit hat."

Direktor Schwarz hatte Zeit, und ich holte meine Unterlagen aus dem Auto. Im Gespräch erfuhr ich, dass sich die Firma nun seit einem Jahr mit dem alten Kopierer herumplagte. Er war vier Jahre alt und wohl auch ein wenig zu klein für den Bedarf. In der letzten Zeit war das Gerät nur noch defekt. Auch heute lag der herausgezogene Stecker wieder auf dem Vorlagenglas. Die ganze Verhandlung war sozusagen schon für mich vorbereitet. Ich brauchte keinen Nutzen mehr zu entwickeln, da Herr Schwarz ja lange genug Zeit gehabt hatte, sich sein Bild über ein neues Gerät zu machen. Er wusste auch, dass er eine Entscheidung treffen musste, denn ohne Kopierer war sein Unternehmen aufgeschmissen. Angesichts des traurigen Zustands des alten Gerätes war es für mich leicht, Direktor Schwarz von einer unserer Maschinen zu überzeugen, nachdem er mir die nötigen Informationen gegeben hatte. Es war auch kein Problem, dass das neue Gerät immerhin 34 000 Mark kostete, was zu jener Zeit bestimmt kein Pappenstiel war. Für gewöhnlich gibt es ja immer Situationen in einer Verhandlung, bei denen die Partie kippen kann. Hier war sie am Ende der Besprechung:

Herr Schwarz: „Also Herr Sickel, Sie haben mich überzeugt. Ich werde es mit Ihnen versuchen. Ich würde sagen, dass ich Sie morgen anrufe, um Ihnen zu sagen, ob ich das Gerät kaufe oder lease."

Ich: „Hm (kurze Pause) Herr Schwarz, ist das die einzige Überlegung, die Sie davon abhält, jetzt zu bestellen?"

Herr Schwarz: „Ja, sicher."

Ich: „Dann mache ich Ihnen folgenden Vorschlag, der uns Zeit spart, da Sie das Gerät ja schnellstmöglich brauchen: Sie unterschreiben mir jetzt einen Kauf- und einen Leasingvertrag und rufen mich morgen an, um mir zu sagen, welchen von beiden ich zerreißen soll."

Herr Schwarz: „Ja, gut. So geht's natürlich auch."

Es ist völlig egal, wie viel Umsatz Sie in diesem Moment machen. Wenn Sie nach so einem Erfolg beim Kunden hinaus „schweben", wird Ihnen klar, dass es für Verkäufer keine Grenzen gibt. Solche Verträge gehen eben nur im Direktbesuch. Hätte ich dort angerufen, wären meine Chancen, einen Termin zu bekommen, gleich null gewesen. An diesem Tag wäre jeder einigermaßen geschickter Verkäufer, egal von welchem Unternehmen, das Kopierer verkauft, bei Direktor Schwarz auf offene Ohren gestoßen und hätte Umsatz machen können. Der Mann war eben ein Spontankäufer und hatte akuten Bedarf. Da hatte der Kollege nach mir, trotz Anmeldung, keine Chance mehr.

Das ist zunächst einmal keine Frage des verkäuferischen Geschicks, sondern grundsätzlich erst einmal Statistik. Sie kennen sicherlich das Pareto-Prinzip: Mit 20 Prozent der Kunden machen Sie 80 Prozent des Umsatzes. Durch 20 Prozent der Kunden haben Sie 80 Prozent aller Reklamationen. Das bedeutet für Verkäufer: Zehn Besuche ergeben zwei reelle Chancen. Sollten Sie diese Quote einmal nicht erreichen, haben Sie nichts falsch gemacht. Es verschiebt sich eben manchmal zugunsten des nächsten oder übernächsten Tages. Wenn Sie das beachten und danach handeln, dann können Sie sich gegen Ihren Erfolg gar nicht mehr wehren. Sicherlich war es wichtig, den Kunden vertraglich zu binden, sonst hätte er später genauso spontan bei seinem alten Lieferanten bestellt. Aber das sind Dinge, die Sie nur an der Front lernen können. Wenn Ihnen einmal ein Kunde ausgebüxt ist, weil Sie bei einer solchen Gelegenheit geschlafen haben, passiert Ihnen das so schnell nicht wieder. Direktbesuche haben nichts mit Drückermentalität zu tun, sondern sie gehören zu einer professionellen Verkaufstätigkeit. Es handelt sich auch nicht um eine sportliche Übung, wie ich neulich vernehmen musste, sondern es ist ein wesentlicher Bestandteil des kundenorientierten und erfolgreichen Verkaufens. Für alle „Großen" ist der Direktbesuch eine Selbstverständlichkeit, die zunächst gleichberechtigt neben der Telefonakquisition steht, wobei jeder sein persönliches Verhältnis zwischen Direkt- und Telefonakquisition herausfinden sollte.

Mein erster Direktbesuch war mit Sicherheit nicht filmreif. Allerdings habe ich mir damals gesagt, dass es mir nur gelingen kann, qualifizierte Direktbesuche zu machen, wenn ich es immer wieder versuche, von anderen lerne und mir auch selbst Gedanken mache, wie ich das Interesse der Kunden wecken kann.

Niemand kann auf Anhieb alles erreichen!

Natürlich ist die Hemmschwelle anfänglich ziemlich hoch. Trösten Sie sich! Es gibt keinen Verkäufer, der sich hiermit nicht herumplagen musste. Für unsere Erfolge müssen wir eben bereit sein, einen Preis zu zahlen. Es ist gut zu wissen, dass es allen so geht.

Sie können erst einmal gar nicht ermessen, welche positiven Konsequenzen es hat, wenn Sie sich hier gegen Ihren ärgsten Gegner – sich selbst – durchsetzen. Sie bekommen ein ganz anderes Selbstbewusstsein, was sich natürlich bei jeder Verhandlung bezahlt macht: ob es nun um Preise, um Einwandbehandlung oder den Abschluss an sich geht. Große Firmennamen können Sie nicht mehr schrecken, und Vorurteile wie „In dieser Bruchbude geht eh nichts" sind Ihnen fremd. Sie können in einem Großunternehmen nach zäher Verhandlung wenig und in einer kleinen Firma nach kurzem Gespräch viel verkaufen oder umgekehrt. Deshalb gibt es für Sie auch keine Grenzen. Es sei denn, Sie reden sich von vornherein ein, dass man beispielsweise bei Großunternehmen grundsätzlich am Empfang hängen bleibt.

Nehmen wir das Beispiel einer Firma für Haushaltsmaschinen, Zentrale Köln:

Eine außerordentlich ansehnliche Person am Empfang begrüßt mich ausgesprochen freundlich. Ich stelle mich genauso freundlich vor, lege kurz mein Anliegen dar und frage danach, wer denn in meinem Fall in der Firma die Entscheidungen trifft. Die Person lächelt mich wissend an und greift zum Telefonhörer, ohne dass ich danach gefragt hätte, jemanden sprechen zu wollen: „Herr Schmidt, hier ist der Empfang. Sagen Sie mal, Ihr habt da oben doch immer Theater mit Euren Büromaschinen!? Hier ist ein Herr Sickel, der sich darüber einmal mit Euch unterhalten möchte. Soll ich ihn Euch hochschicken? Gut! Also, Herr Sickel, gehen Sie jetzt die Treppe dort hoch bis zum ersten Stock. Dann folgen Sie dem Gang. Entweder ist es die dritte oder die vierte Tür auf der rechten Seite. Da finden Sie Herrn Schmidt."

Dass die Empfangsdame nun von Büroorganisation auf Büromaschinen schloss und das Unternehmen gerade Bedarf in diesem Bereich hatte, können Sie natürlich Glück nennen. Ich bin allerdings der Meinung, dass sich solche Situationen nur aus konsequentem Handeln entwickeln können.

Herr Schmidt war der Orgaleiter, der in diesem Unternehmen auch die Aufgabe hatte, Anbieter zu selektieren und Verträge vorzubereiten. Nach insgesamt sechs Wochen Verhandlungszeit konnte ich dort einen Etagenkopierer vermieten, was hier aber nicht so wichtig ist.

Ausschlaggebend für Sie ist allein die Frage, was Sie erreichen wollen. Wenn Sie ein größeres Unternehmen nur besuchen, um den Namen Ihres Gesprächspartners herauszufinden, ist es zeitsparender und weniger blamabel, anzurufen. Was wollen Sie denn für einen Eindruck hinterlassen, wenn Sie am Empfang stehen und lediglich Ihren Gesprächspartner ermitteln, um ihn später anzurufen oder ihm einen Brief zu schreiben? In dieser Firma hätten Sie dann ja konsequenterweise sagen müssen, dass Sie heute an einem Gespräch nicht interessiert sind. Also: Machen Sie Umfragen oder wollen Sie etwas verkaufen?

Natürlich ist es wahrscheinlicher, in einem kleineren Unternehmen direkt mit dem Chef ins Gespräch zu kommen und eventuell sofort Umsatz zu machen. Das bedeutet aber doch nicht, dass so etwas bei Großunternehmen unmöglich ist. Versuchen Sie es, denn sonst stecken Sie sich Grenzen, die Sie dann auch nicht mehr überschreiten werden. Denken Sie lieber daran, dass im Verkauf alles möglich ist. Bleiben Sie offen!

> *Sie wissen jetzt: Wenn alles geht, geht auch mal nichts.*

Deshalb ist auch eine Ihrer vornehmsten Aufgaben, ein Nein des Kunden zu akzeptieren, ohne dass direkt ein Notarzt informiert werden muss.

Es gibt – normalerweise – genügend potenzielle Kunden in Ihrem Gebiet. Wenn ein Kunde nicht begreifen will, dass es nur wenige kompetente und zuverlässige Verkäufer wie Sie gibt, dann hat *er* den Nachteil, nicht Sie. Außerdem wissen Sie ja nun, dass beim nächsten Kunden wieder alles möglich ist.

So erzielen Sie Akzeptanz

Versuchen Sie bitte, bei Ihrem Besuch so natürlich wie möglich zu bleiben. In solchen Situationen neigen viele Verkäufer dazu, sich zu verstellen. Das merkt nun wirklich jeder Kunde, und Sie verlieren an Akzeptanz.

Ein „Entschuldigen-Sie-die-Störung-Blick" oder etwa „Hoppla-jetzt-komme-ich-Gehabe" sind grobe Fahrlässigkeiten, die Ihnen niemand verzeiht. Sie haben weder einen Ladenhüter noch die Erfindung des Jahrhunderts in der Tasche. Sie machen Ihren Job, und das bitte *professionell*. Bleiben Sie ruhig. Es kann Ihnen nichts passieren! So lange Sie höflich und freundlich sind, wird man Sie genauso behandeln. Sicher: Es gibt immer ein paar Ausnahmen.

Menschen, die mit sich selbst unzufrieden sind, behandeln andere oft unfreundlich oder gar grob. Die meinen allerdings nicht Sie, sondern sich selbst und brauchen eher therapeutische Hilfe, für die Sie allerdings nicht zuständig sind. Auf solche Kunden verzichten wir gerne, die sollen kaufen, wo sie wollen, nur nicht bei uns.

Das Ziel eines Direktbesuchs sollte immer sein, einen Termin zu bekommen und so viele Informationen wie möglich zu erhalten. Deshalb nehmen Sie auch bitte nur einen Terminkalender und Ihre Visitenkarten mit. Ihre Verkaufsunterlagen können Sie ja bei Bedarf immer noch aus dem Auto holen.

Der Kunde – das ist das Wichtigste überhaupt – muss zunächst Sie als Person akzeptieren. Ihr Produkt spielt im Einstieg überhaupt keine Rolle.

Überlegen Sie doch einmal: Der Kunde wird täglich mit Prospekten, seien sie nun persönlich abgegeben oder per Post verschickt, bombardiert. Die Sekretärinnen sind sauer, weil sie erst gestern am Altpapiercontainer waren, um sich der ganzen Prospektflut zu entledigen. Einige Verkäufer scheinen hier jedoch Interesse mit Mitleid zu verwechseln. Etwas anderes ist es nämlich nicht, wenn man gnädigerweise sein „Propagandamaterial" da lassen darf. Außerdem sieht es so aus, als ob diese Verkäufer nach dem Motto „Lasst Prospekte sprechen. Mir selbst fehlen die Argumente" verkaufen. So, das waren die anderen. Nun wieder zu Ihnen.

Zehn Tipps für den erfolgreichen Direktbesuch

1. Sagen Sie, was Sie können, nicht, was Sie haben.

Ihr Einstieg könnte wie folgt aussehen (andere Ideen erwünscht): „Guten Tag, mein Name ist – sehr kurze Pause, damit auch alle hinhören – Christian Sickel von der Komet GmbH. Ich bin hier in Köln für die Betreuung der Werbeagenturen (Branchensprache) verantwortlich. Die Firma Komet *(und jetzt erzählen Sie bitte, was Sie Tolles für den Kunden tun, nicht was Sie Tolles haben – z. B.: ‚hat schon vielen in der Werbebranche tätigen Unternehmen bei Einsparungen im Bereich Druckkosten helfen können')*. Ich besuche Sie heute, um mich Ihnen vorzustellen und einen Gesprächstermin in Ihrem Hause zu vereinbaren. Sagen Sie mir, bitte, wer ist in Ihrem Hause für den Einkauf verantwortlich?" *Oder:* „Sagen Sie, bitte, wer trifft in Ihrem Haus die Entscheidungen, wenn es um den Einkauf geht?"

2. Sagen Sie, was Sie verkaufen, und erwähnen Sie Ihr Produkt mit keinem Wort.

Wenn Sie fragen, ob Ihr Gesprächspartner kurz Zeit hat, kann ein Anruf bei dem Entscheider wie folgt verlaufen: „Hallo Herr Meier, hier unten am Empfang ist jemand, der verkauft Papier. Aha!?" Und dann zu Ihnen gewandt: „Herr Meier hat daran kein Interesse." Das war's dann wohl. Fragen Sie niemals allgemein, wer zuständig ist. Da können Sie im Zweifelsfall an den Hausmeister geraten.

3. Überlegen Sie genau, wem Sie Ihre Visitenkarte geben.

Geben Sie Ihre Visitenkarte nur dem Entscheider persönlich, wenn Sie mit ihm gesprochen haben. Manche Verkäufer drücken gerne dem ersten Menschen, dem sie begegnen, sozusagen als Legitimation, ihre Karte in die Hand. Diese wandern dann zum Entscheider. Der liest nur: Peter Heil – Glühbirnen en gros. „Glühbirnen? Brauchen wir nicht!" Ende der Vorstellung. Sie haben mit der Visitenkarte lediglich auf Ihr Produkt aufmerksam gemacht, und das hätten Sie mit einem Prospekt genauso gut erreicht.

4. Erzählen Sie niemals, dass Sie gerade zufällig in der Nähe waren.

Kein Kunde mag es, wenn man ihm nur Aufmerksamkeit schenkt, weil man eben „schon mal in der Nähe ist". Außerdem wirkt es wenig zielstrebig und professionell, wenn man nicht planmäßig vorgeht.

5. Behaupten Sie auch nicht, dass Sie speziell für diesen Kunden eine lange Anfahrt in Kauf genommen hätten.

Sie sind nicht extra von sonst wo gekommen, um den Kunden zu besuchen. Davon abgesehen ist das Ihr Problem, da Sie ja niemand um Ihren Besuch gebeten hat. Die Mitleidstour ist genauso schrecklich und wird keinen Kunden dazu veranlassen, Ihnen zuzuhören. Versuchen Sie also nicht, den Leuten ein schlechtes Gewissen einzureden.

6. Sprechen Sie nicht von irgendwelchen Sonderaktionen oder einmaligen Gelegenheiten.

Es sei denn, Sie fühlen sich in der Rolle des „billigen Jakobs" wohl. Selbst wenn Sie ein besonderes Angebot haben, wissen Sie nicht, ob hierfür auch Bedarf besteht.

7. Geben Sie sich engagiert und professionell.

Die Voraussetzung, Direktbesuche machen zu können, ist nicht, eine „Bombenstimmung" zu haben oder zu verbreiten. Es gibt immer mal Tage, an denen der Himmel irgendwie schief hängt. Es ist nur die Frage, wie oft wir es uns leisten können, diesem Gefühl nachzugeben. Entscheiden Sie sich bitte, ob Sie zum Profi- oder Amateurlager gehören wollen. Der Appetit kommt beim Essen. Das ist im Verkauf nicht anders, oder um es in Goethes Worte zu fassen: „Arbeite nur, die Freude kommt von selbst."

Der Kunde soll immer den Eindruck haben, dass Sie engagiert Ihrer täglichen Arbeit nachgehen. Nur so können Sie erwarten, mit dem nötigen Respekt behandelt zu werden. Ich bin einmal von einem Kunden gefragt worden: „Wie kommen Sie denn ausgerechnet auf mich?" Antwort: „Sehen Sie, mein Beruf ist Verkäufer, und ich bin für dieses Gebiet hier verantwortlich. Somit gehört es auch zu meinen Aufgaben, Ihnen einen Besuch abzustatten, um mich vorzustellen." Mein Gesprächspartner hatte sofort gemerkt, dass ich meinen Beruf ernst nehme und gerne Verkäufer bin. Das Gespräch bekam schlagartig eine andere Qualität. Jetzt erst nahm der Mann mich überhaupt ernst.

Was Sie genau bei Ihrem Einstieg sagen, bleibt Ihnen überlassen. Wenn Sie einmal ins Gespräch gekommen sind und Interesse geweckt haben, wird sich sowieso niemand mehr an Ihren genauen Wortlaut erinnern. Denken Sie nur daran, nicht direkt mit der Tür (Produkt oder Dienstleistung) ins Haus zu fallen.

8. Fragen Sie nicht nach Ihrem Ansprechpartner, sondern nach Ihrem Gesprächspartner.

Da Sie ja nun wissen, mit wem Sie reden wollen, können Sie jetzt fragen, ob Ihr Gesprächspartner – nicht Ansprechpartner – im Haus ist und kurz Zeit für Sie hat. Ich persönlich habe es selten erlebt, dass die betreffende Person, sofern sie da war, sich nicht ein paar Minuten Zeit genommen hätte. Es ist nämlich so, dass auch diese Damen und Herren neugierig sind. Nachdem Sie sich nochmals vorgestellt haben, bleiben Sie in Ihren Formulierungen so allgemein wie möglich. Reden Sie nicht von Produkten, sondern von Vorteilen, die der Kunde haben könnte, wenn er mit Ihnen zusammenarbeitet. Bieten Sie ihm zwei bis drei Köder an, mehr nicht. Sagen Sie zum Beispiel noch einmal: „.... hat vielen Unternehmen aus der Werbebranche ... Hierüber möchte ich mich gerne auch mit Ihnen unterhalten. Wann haben Sie diese oder nächste Woche Zeit für ein kurzes Gespräch?"

9. Lassen Sie dem Kunden bei der Terminwahl Vortritt.

Die mittlerweile auch meiner Großmutter mütterlicherseits bekannte, aber trotzdem immer wieder „gern genommene" Alternativfrage: „Passt es Ihnen morgen um 11 Uhr oder übermorgen um 10 Uhr", ist für meine Begriffe längst überholt. Hier wird der Kunde zu einem Termin gedrückt, und das macht nur Sinn, wenn die Erstansprache sozusagen nutzenfrei und völlig losgelöst vom möglichen Kundenbedarf ist. Wie obiges Beispiel zeigt, geht es auch ein wenig eleganter und immer noch alternativ und zielstrebig genug. Wenn Sie kundenorientiert verkaufen wollen, dann können Sie ja bei der Terminvereinbarung anfangen und den Kunden fragen, wann es ihm passt. Ihre Piratenflagge sollten Sie erst hissen, wenn es soweit ist.

10. Bleiben Sie bei allgemeinen, aber dennoch zielführenden Formulierungen.

Ein Vorteil für die Firma Müller ist nicht automatisch ein Vorteil für die Firma Meier, selbst wenn es sich um dieselbe Branche handeln sollte. Manche Verkäufer bereiten hier schon ihr Aus vor, indem sie sich eine Falle aufbauen, aus der sie nicht mehr herauskommen. Zwei Beispiele: „Wir konnten feststellen, dass besonders die Werbeagenturen von der heutigen Sparphilosophie mancher Unternehmen betroffen sind." Diese Aussage an sich ist ja zunächst einmal neutral. Doch jetzt kommt das Eigentor: „Ist das bei Ihnen auch so?" Oder: „In der heutigen Zeit wird es für Werbeagenturen immer schwieriger, Neukunden zu gewinnen. Wir haben einen Weg gefunden, der Ihnen das in Zukunft wesentlich vereinfacht. Wäre das interessant für Sie?" Wenn der Kunde hier nein sagt, dann ist das Gespräch für Sie beendet. Warum sollte man Ihnen in den ersten paar Minuten der Unterhaltung die Probleme auf die Nase binden? Oder erzählen Sie etwa jedem Menschen, gegen welche Schwierigkeiten Sie momentan ankämpfen müssen? Sie dürfen auch nicht einfach davon ausgehen, dass alle Werbeagenturen beispielsweise unter Neukundenmangel leiden.

Stellt der Kunde seinerseits allgemeine Fragen, dann hält sich sein Interesse noch in Grenzen. Dann erzählen Sie bitte auch nicht mehr viel, sondern erklären ihm, dass Sie seine Fragen gerne während des Termins beantworten werden. Wenn Sie hier nämlich „auspacken", wird Ihnen der Kunde später sagen, dass ein Termin nun nicht mehr nötig ist, da er jetzt alle Informationen hat. Sollten seine Fragen allerdings spezieller werden, etwa „Machen Sie auch Lösungen für ...?", „Kann man Ihre Geräte auch mieten?" oder „Gibt es das auch mit diesem oder jenem Zusatzteil?", dann sind Sie schon mitten im Verkaufsgespräch und fragen den Kunden, ob er jetzt Zeit hat, damit Sie auf diese – nun doch speziellen – Fragen eingehen können und holen Ihre Unterlagen aus dem Auto. Der Rest ist dann normales Verkaufen.

Merken Sie sich in diesem Zusammenhangt bitte: Je allgemeiner die Fragen, desto weiter sind Sie vom Verkauf entfernt und umgekehrt. Und denken Sie daran:

> *Beim Direktbesuch gibt es keinen zweiten Anlauf!*

Erfahrungsgemäß sind die Einwände bei einem persönlichen Vorstellen auch nicht tragischer als bei einem Telefonat. Im Gegenteil. Sie haben alle Vorteile auf Ihrer Seite, weil Sie Ihre ganze Persönlichkeit einbringen können. Sie benehmen sich ja weder aufdringlich noch unangemessen. Sie gehen seriös Ihrer Arbeit nach. Wer sollte Ihnen das übelnehmen? Typische Einwände sind zum Beispiel:

- „Keine Zeit" – „Genau deshalb bin ich gekommen, um einen Termin zu vereinbaren, an dem Sie mehr Zeit haben."

- „Kein Geld"/„Wir müssen sparen" – „Gerade deshalb ist es jetzt besonders wichtig, das eigene Sparpotenzial zu kennen und ausschöpfen zu können."

- „Ich bin mit meinem Lieferanten zufrieden" – „Natürlich. Andererseits dreht sich die Welt heute sehr schnell, so dass man nicht immer alle lohnenden Alternativen/Ergänzungen kennen kann."

- „Kein Bedarf" – „Ich verstehe das gut. Sie planen langfristig. Umso wichtiger ist es, schon heute alle Vorteile zu kennen." Oder: „Wie organisieren Sie denn heute den Ablauf von …".

- „Sie wollen mir etwas verkaufen" – „Wenn wir gemeinsam feststellen, dass eine Zusammenarbeit für beide Seiten Vorteile hat, würde ich mich freuen, wenn Sie unser Produkt zukünftig einsetzen. Das ist richtig."

Dies sind ein paar Beispiele, wie eine Einwandbehandlung aussehen könnte. Gerade bei der Akquisition wird sie gerne ein wenig pauschaliert. Zum einen, weil die wirkliche Situation des Kunden noch nicht bekannt ist und hierdurch keine richtigen Argumente zur Verfügung stehen, zum anderen, weil der Kunde Ihnen für lange Erklärungen keine Zeit geben wird. Zunächst dient diese Art der Einwandbehandlung also auch dazu, den Kunden zu einem Termin zu „überreden". Daran ist meines Erachtens auch nichts auszusetzen, wenn es funktioniert und der Verkäufer später dazu übergeht, den Kunden durch den Nutzen seines Produkts zu überzeugen.

Grundsätzlich ist es allerdings wichtig, dass Sie sich Ihre eigene Einwandbehandlung zurechtlegen. Wenn Sie nämlich nicht hinter dem stehen, was Sie erzählen oder Ihren Text womöglich auswendig gelernt haben, dann merkt auch das der Kunde, und Sie werden unglaubwürdig. Damit haben Sie schon so viel Akzeptanz verloren, dass es Ihnen schwerfallen wird, diese Minuspunkte wieder auszugleichen.

Holen Sie sich Informationen vor Ort und nutzen Sie die Unterstützung von Verbündeten

Sollte der Entscheider außer Haus sein, können Sie das nutzen, um wichtige Informationen zu erhalten. Sie werden nicht glauben, wie auskunftsfreudig manche Mitarbeiter sind, wenn Sie sie höflich um ihre Hilfe bitten. Da werden Ihnen Tür und Tor geöffnet, ohne dass Sie sich großartig anstrengen müssen. Allerdings sollten Sie dann schon wissen, was Sie fragen wollen. Es macht keinen Sinn, die Hilfsbereitschaft der Mitarbeiter unnötig zu strapazieren. Stellen Sie nur Fragen, die Sie wirklich weiterbringen.

Etwa ob zu den jetzigen Lieferanten langfristige Verträge bestehen oder ob grundsätzlich gekauft oder geleast wird usw. Machen Sie eine kleine Bedarfsanalyse. Keine Sorge, man wird Ihnen schon weiterhelfen, wenn Sie freundlich danach fragen.

> *Denken Sie an Pareto: Durch 20 Prozent der Fragen erhalten Sie 80 Prozent der Informationen.*

Wenn Sie den Kunden dann später anrufen, können Sie bei Ihrem Verbündeten anklopfen, ob die Zeit für eine Terminvereinbarung günstig ist. Es wäre allerdings Hochverrat, wenn Sie bei dem Telefonat mit dem Entscheider direkt sagen, was Sie wissen. Nach dem Motto: „Ihre Frau Müller hat gesagt, dass Ihr Papierlieferant unzuverlässig ist."

> *Sie dürfen Ihrem Verbündeten nicht in den Rücken fallen!*

Auch bei offensichtlichem Bedarf ist es immer noch ein Unterschied, was Frau Müller „weiß" und wie der Entscheider darüber denkt.

Mir ist auch schon von meinen „Mitarbeitern" angeboten worden, in irgendeiner Form Vorarbeit zu leisten oder Vorbereitungen für meinen Anruf zu treffen. Bedanken Sie sich hierfür, aber machen Sie Ihre Arbeit selbst. „Frau Müller" kann nämlich nicht verkaufen, und außerdem kennen Sie das Verhältnis der beiden nicht.

Wenn Sie jetzt mit der entscheidenden Person telefonieren und sich wie gehabt vorstellen, können Sie ja Sätze einfließen lassen wie:

- „Es wird in der heutigen Zeit immer schwerer, seine Kunden zufriedenzustellen. Ich habe zum Beispiel einen Kunden, der beinahe seinen größten Auftraggeber verloren hätte, weil sein Papierlieferant nicht termingerecht lieferte. Somit kam auch er unverschuldet in Verzug. Was glauben Sie, was da los war? Na ja, andererseits hätte er sich ja auch frühzeitig um eine Alternative kümmern können. Was meinen Sie dazu?"

- „Hm, da haben Sie wohl Recht."
- „Sehen Sie. Hierüber möchte ich mich gerne mit Ihnen unterhalten. Wann haben Sie diese oder nächste Woche einmal Zeit für ein kurzes Gespräch?"

Auf diese Art und Weise können Sie nur telefonieren, wenn Sie vorher beim Kunden waren und sich Ihr Bild gemacht haben.

Solche Informationen sind wesentlich mehr wert als totes Material aus irgendwelchen Firmenbroschüren, in denen Sie über Mitarbeiterzahl, Produktpalette und Jahresumsätze des Unternehmens informiert werden. Diese Informationen sind zwar grundsätzlich wichtig, verleiten aber auch zu falschen Schlüssen im Hinblick auf die zu erwartenden Umsätze. Sie können hieraus weder erfahren, wie ein Unternehmen organisiert ist, noch wie viel Geld es für Ihr Produkt ausgibt. Behandeln Sie solches Material neutral, da Ihre Erwartungen auch enttäuscht werden können. Außerdem sind gerade mittelständische Unternehmer berechtigterweise stolz auf das, was sie erreicht haben. Es wäre doch langweilig, wenn Sie nach jedem dritten Satz „ich weiß" sagen müssten. Informationen aus „erster Hand" sind immer noch die besten. Auch Informationen von Dritten über ein Unternehmen, sind mit Vorsicht zu genießen. Da kann von Neid über schlechte Erfahrungen, bis hin zu positiven Übertreibungen alles eine Rolle spielen.

Ich habe es immer vorgezogen, mir mein Bild von einer Firma selbst zu machen und mich nicht durch andere Informationen beeindrucken zu lassen.

Begegnen Sie dem Kunden auf seinem Terrain

Viele Unternehmen haben mittlerweile erkannt, dass es durchaus sinnvoll ist, sich bei ihren möglichen Kunden (neudeutsch auch Prospects genannt) persönlich vorzustellen. So fahren Autoverkäufer von Nobelkarossen direkt zu Geschäftsleuten, um ihre Modelle vorzustellen. Werbeagenturen, Ingenieurbüros und andere Branchen, die bisher nicht im Traum daran gedacht haben, solche verkaufsfördernden Maßnahmen zu ergreifen, denken um und gehen direkt zum Kunden. Die Zeiten des bequemen, dem Überfluss zugeneigten Lebens sind nämlich erst einmal vorbei.

Ich bin einmal mit Küchenverkäufern zu Baustellen gefahren, wo Einfamilienhäuser gebaut wurden. Es war Sommer, und da ist in Möbelgeschäften nicht viel los. Die Damen und Herren Berater waren zunächst außerordentlich pikiert, als ich ihnen meinen Vorschlag präsentierte. Vier von ihnen ließen sich dann aber doch von mir überzeugen. Denn wenn der Kunde nicht zu Ihnen kommt, dann müssen Sie eben zu ihm.

Die Bauherrinnen und Bauherren sind in der Regel samstags auf der Baustelle anzutreffen, also trafen auch wir uns morgens dort. Bei Küchen für ein neues Haus ist die Frage von Nutzen und Bedarf von vornherein geklärt, sofern noch finanzielle Mittel zur Verfügung stehen. Hier geht es hauptsächlich um das Produkt und um das Vertrauen in den Verkäufer.

Deshalb spielen in diesem Fall wieder die Prospekte die Hauptrolle. Die Kunden wollen etwas sehen. Immerhin haben wir dort elf Küchen von 7 500 Euro bis 15 000 Euro verkauft. Natürlich nicht aus dem Prospekt. Das war in diesem Fall der Interessewecker. Wir haben hauptsächlich Termine vereinbart, bei denen die Kunden in das Möbelhaus kamen, um sich die Küchenausstellung anzuschauen. Es blieb, wie kann es anders sein, natürlich nicht dabei, dass die Kunden sich ausschließlich für Küchen interessierten.

Mit solchen Maßnahmen lässt sich sogar das Sommerloch stopfen. Der Direktbesuch ist der beste Weg, um die dringendste Aufgabe eines Verkäufers zu erfüllen, nämlich jeden Interessenten in seinem Gebiet kennen zu lernen. Außerdem stärkt so ein Besuch die Position des Verkäufers im Verdrängungsmarkt und zeigt den möglichen Käufern, dass man den persönlichen Einsatz nicht scheut, um sie als Kunden zu gewinnen.

Die Vorteile des Direktbesuchs

Sie können

- *Informationen* erhalten, die Sie am Telefon gar nicht erst bekommen, die für Ihren Erfolg jedoch wichtig sind,
- *Kunden erreichen,* die Sie am Telefon nie „zu Gesicht" bekommen,
- einen *persönlichen* Kontakt herstellen,
- im Gespräch *Verbündete* finden (jeder Mitarbeiter könnte für Sie wichtig sein),
- den eigenen *Bekanntheitsgrad* in Ihrem Verkaufsgebiet steigern und das Gebiet besser kennen lernen,
- *Leerlaufzeiten* zwischen zwei Terminen *nutzen*,
- sich schon hier durch Ihr Auftreten von *Mitbewerbern* abheben,
- den Besuch als Aufhänger für spätere telefonische Terminvereinbarungen nutzen,
- dem Kunden zeigen, dass Sie an ihm *interessiert* sind und er Ihnen etwas bedeutet (Kunden wissen das nämlich zu schätzen) und
- direkt einen Auftrag *mitnehme*n.

2. Die Stimme aus dem Off – So gelingt die telefonische Kaltakquise

Für so manche Verkäufer steht fest: „Mit dem Telefon erreiche ich bei der Neukundenakquisition mehr als mit dem Direktbesuch." Das ist natürlich Ansichtssache, und jeder soll für sich ausprobieren, womit er erfolgreicher ist. An einer Sache kommen Sie jedoch weder bei der einen noch bei der anderen Methode vorbei: die Angst vor der Ablehnung. Diese Angst demontiert nämlich unser Selbstwertgefühl, und das können wir ja nun wirklich nicht gebrauchen. Deshalb würde auch so mancher Verkäufer lieber den Nordatlantik in einer Badewanne überqueren, als Neukunden anzurufen.

Allein schon die Vorstellung von unfreundlichen Worten, die übrigens am Telefon wesentlich intensiver in uns eindringen, weil wir uns in diesem Moment ausschließlich auf unseren Hörsinn konzentrieren, lässt viele Verkäufer erschaudern. Da reißt das abweisende Verhalten einer x-beliebigen Person am Telefon, die sich durch ihr ungezogenes Benehmen schon vom Rest der Menschheit ausschließt, tiefere Löcher in unser Selbstbewusstsein als ein böses Wort von Menschen, die uns wirklich nahestehen. Das ist überhaupt nicht nötig! Merken Sie sich hierzu bitte:

> *Die Mitarbeiter, die am Telefon am unhöflichsten sind, haben im Unternehmen meistens am wenigsten zu sagen.*

Betrachten Sie solche Leute als ein notwendiges Übel, das Sie häufiger antreffen werden, als Ihnen lieb ist. Es besteht jedoch keinerlei Grund für Sie, sich runtergeputzt zu fühlen. Es gibt nun mal auch Menschen, die so sind. Auch wenn der Bundespräsident persönlich dort angerufen hätte, wäre das Telefonat nicht herzlicher verlaufen. Wenn Sie sich hier schon demontieren lassen, wie wollen Sie denn reagieren, wenn es einmal wirklich ernst wird? Überprüfen Sie also, ob es vielleicht an Ihnen liegen könnte, dass sich Ihr Gesprächspartner so verhält, und wenn Sie sich nichts vorzuwerfen haben, verfolgen Sie bitte *höflich*, aber *bestimmt* Ihr Ziel.

Bereiten Sie sich vor ...

Immer wenn laut Terminkalender Telefonakquisition auf dem Programm steht, müssen erst einmal intensivste Vorbereitungen getroffen werden, um diese schwierige Aufgabe zu lösen.

Aber halt! Ist heute nicht Montag? Hatten wir nicht irgendwo gelesen, dass heute Vormittag die denkbar schlechteste Zeit ist, Kunden anzurufen, weil ... Was war da noch? Ach ja, das Montagssyndrom. Das ist natürlich Pech! Vielleicht sollten wir da lieber am Nachmittag ...? Was? Ach so, da ist ja der Präsentationstermin bei der Firma Brillant. Hm, also doch besser morgen? Und wir hatten es uns doch so fest vorgenommen. Schade! Aber morgen ist ja Gott sei Dank auch noch ein Tag.

Es gibt etliche Ratgeber zum Telefonieren, die den Verkäufern mehr Gründe liefern, nicht zum Hörer zu greifen, als dass sie ihnen zeigen, wie einfach die Sache im Grunde genommen ist. Da müssen erst noch Voraussetzungen geschaffen werden, die in einem normalen Unternehmen in dieser Form überhaupt nicht möglich sind. Es sei denn, es handelt sich um eine Telefonmarketing-Agentur.

> *Ein flexibler Verkäufer passt sich auch der äußerlichen Situation an, nicht umgekehrt.*

Bei meinem ersten Feldtraining in Bonn kam mir, während einer kurzen Mittagspause, die ich gerne in großen Kaufhäusern verbrachte, ein Kollege auf der Rolltreppe entgegengefahren. Ich war gerade auf dem Weg ins Souterrain. Er kam von dort und wollte wieder nach oben. Da ich mir sein für ihn untypisches Grinsen nicht recht erklären konnte, nahm ich wieder die Rolltreppe zurück ins Erdgeschoss, um zu ergründen, was mit meinem Kollegen los war. Außerdem wollte ich natürlich wissen, ob er an diesem Tag schon Erfolge zu verbuchen hatte. Als ich nun den ganzen Mann sah – auf der Rolltreppe konnte ich ihn ja nur bis zur Hälfte bewundern –, wurde mir der Anlass für seine Verschämtheit klar. Er stand mittlerweile an einem der Wandtelefone am Ausgang und telefonierte. Das Außergewöhnliche hieran war lediglich die unbedeutende Tatsache, dass er keine Schuhe anhatte. „Oben hui, unten pfui?" begrüßte ich ihn fragend, da der Anlass für seinen merkwürdigen Aufzug nicht klar war. Sichtlich errötend, erklärte er mir, dass sich seine Schuhe zu einer Notoperation beim Schuster im Souterrain befänden. Da er aber das Schusterhandwerk nicht unbedingt erlernen wollte, befand er, dass es Zeitverschwendung wäre, bei der Reparatur zuzuschauen. Außerdem könne man diese halbe Stunde wesentlich besser nutzen, nämlich mit telefonieren. Die Tatsache, dass er ohne Schuhe im Kaufhaus umherlief, interessierte ihn wenig. Auch die in Kaufhäusern übliche Geräuschkulisse lenkte ihn nicht im Geringsten ab. Für ihn war es eher ein wenig peinlich, einen Kollegen zu treffen, was seinem Ego aber auch keinen irreparablen Schaden zugefügt haben dürfte. In den folgenden Jahren war dieser Kollege jedenfalls immer im oberen Drittel der Rangliste zu finden, woraus Sie durchaus den Schluss ziehen können, dass es völlig unwichtig ist, von wo aus Sie telefonieren. Hauptsache ist: Sie tun es!

Es wird viel zu viel darüber debattiert, wann nicht, wann doch, wo nicht, wo doch, warum nicht, warum doch. Es soll, nach den allerneuesten Erkenntnissen, wohl so sein, dass die Kunden beispielsweise am Freitag schon mit ihren Gedanken im Wochenende und somit nicht mehr ansprechbar sind. Das ist natürlich auch eine

Möglichkeit, sein Gewissen zu beruhigen, um den Hörer auf der Gabel liegen zu lassen.

Meiner Meinung nach ist es aber so, dass sich die Kunden am Freitag auf ihr Wochenende freuen und dadurch viel freundlicher und offener sind. Ihre Stimmung ist positiv. Das sollte man doch wohl ausnutzen, meinen Sie nicht auch?

> *Die günstigste Zeit für die Telefonakquisition ist gleichzeitig auch die ungünstigste. Und das ist: immer.*

Allerdings gilt aber auch: Wenn Sie die Einstellung haben, dass Sie dem Kunden einen wirklichen Nutzen bringen, dann wird er Ihnen auch am Montagmorgen zuhören. Sollten Sie natürlich denken, dass der Vorteil für Ihren Gesprächspartner am Dienstagnachmittag irgendwie anders ist, bitte. *Sie setzen sich wieder einmal Grenzen!*

... aber fangen Sie auch an!

Als ich noch ein verkaufstechnisches Greenhorn war, wagte ich es einmal, um 8 Uhr 30 einen Rechtsanwalt anzurufen, der mich gleich ungewöhnlich unfreundlich abwürgte, indem er einfach den Hörer auflegte. Dieses überaus seltene, aber für mich untragbare Verhalten eines Mitmenschen mir gegenüber veranlasste mich dazu, diesen Herrn am späteren Nachmittag nochmals anzurufen. Und siehe da, der Flegel war zum netten Gesprächspartner geworden. Er konnte sich sogar an das kurze Gespräch erinnern, was dadurch zu erklären war, dass er sich über sich selbst geärgert hatte. Wie er mir sagte, sei er nämlich grundsätzlich ein freundlicher Mensch und sein „morgendliches Verhalten" hätte gar nicht zu ihm gepasst. An diesem Vormittag hatte er jedoch einen außerordentlich wichtigen Gerichtstermin. Deshalb war er ungemein nervös und in Eile.

Da ich ein versöhnlicher Mensch bin, wertete ich seine Erklärung als Entschuldigung. Leider kam bei diesem Gespräch kein Termin und somit auch kein Geschäft zustande, was hier jedoch nicht von Bedeutung sein soll. Wichtig ist in diesem Zusammenhang die Tatsache, dass es zwar ungünstige Zeiten gibt, jemanden anzurufen, Sie diese allerdings schon selbst herausfinden müssen. Nur weil irgendjemand meint, dass es zu dieser oder jener Zeit unpassend ist, müssen Sie sich ja nicht zwangsweise danach richten. Es sei denn, Sie suchen händeringend einen Grund, nicht telefonieren zu müssen.

Sicherlich besteht die Möglichkeit, dass – wie in obigem Beispiel – ein Anwalt morgens zu Gericht will. Das lässt jedoch keinerlei Rückschlüsse auf alle Anwälte und deren momentane Stimmung zu. Genauso gut kann es ja sein, dass ein Gerichtstermin einmal ausfällt und Ihr Gesprächspartner doch Zeit gehabt hätte, sich mit Ihnen zu unterhalten.

Ebenso ist es wiederum möglich, dass Sie einen Geschäftsmann am Morgen nicht erreichen. Schließen Sie etwa daraus, dass alle Geschäftsleute vormittags nicht erreichbar sind? Wenn Sie einmal von einem Steuerberater unhöflich abgefertigt werden, ist dann die ganze Steuerberatungsbranche für Sie gestorben?

Sie sehen, wir können uns jetzt noch 30 Seiten lang Gedanken machen, was sein kann und was nicht. In dieser Zeit machen dann diejenigen die Geschäfte, die es einfach ausprobieren. Ich kann Ihnen nur die Empfehlung geben, nicht lange zu überlegen, wann es sehr günstig, günstig, bedingt günstig oder ungünstig ist. Fangen Sie an, und sehen Sie, was passiert. Das ist das einzige Mittel, um erfolgreich zu sein. Wenn Sie sich den Kopf zerbrechen, ob es so oder so oder vielleicht doch ganz anders ist, werden Sie sich irgendwann überhaupt nicht mehr entscheiden können, ob ein Anfang sinnvoll erscheint.

Ebenso verhält es sich mit dem Telefonieren nach dem Branchenbuch. Je größer der Firmenname dort erscheint, desto größer scheint das Unternehmen, wodurch sich wieder Rückschlüsse auf den zu erwartenden Umsatz ziehen lassen. Dabei ist es oft vielmehr so, dass die Größe einer solchen Firmenanzeige in direktem Zusammenhang mit der Güte des Anzeigenverkäufers steht. Auch kann es sein, dass mancher Firmeninhaber ein etwas höheres Geltungsbedürfnis als andere Menschen hat und die Werbung aus diesem Grund ein wenig größer ausgefallen ist. Brauchbare Rückschlüsse, etwa auf Umsatz oder Mitarbeiterzahl, lassen sich daraus erfahrungsgemäß nicht ziehen. Ich habe immer ohne Ausnahme von A bis Z durchtelefoniert und mir die Firmen beim Termin lieber selbst angeschaut, um mir mein eigenes Bild zu machen. Wenn Sie hier schon eine Vorauswahl treffen, setzen Sie sich erneut Grenzen.

Die „Tote-Hosen-Tauschbörse" eröffnet neue Chancen

Ähnlich vorgefasst sind die Meinungen oft, wenn die eigenen Notizen nach längerer Zeit wieder einmal begutachtet oder einige von Kollegen übernommen werden, etwa wenn Verkaufsgebiete neu aufgeteilt oder geändert werden. Hier können Sie alle Schimpfworte, die es in der deutschen Sprache gibt, vorfinden, wobei „Idiot", „Blödmann" oder „Tote Hose" noch die harmloseren sind. Lassen Sie sich hiervon keinesfalls beeinflussen. Nicht jeder kommt mit jedem zurecht. Und nicht jeder ist jeden Tag gleich gut gelaunt. Normalerweise hätte ich damals dem Rechtsanwalt ja auch das Prädikat „Flegel" geben müssen.

Damit auch diese Kunden in den Genuss einer professionellen Beratung kommen, haben wir uns damals die „Tote-Hose-Tauschbörse" einfallen lassen. Alle drei Monate wurden die Kunden mit entsprechenden Notizen innerhalb des Teams getauscht. Was glauben Sie, wie oft wir die jeweiligen Titulierungen umschreiben mussten, weil viele Kunden weder blöd noch tot waren.

Auch hier spielt die Einstellung eine tragende Rolle. Gehen Sie wertfrei an einen Kunden heran, werden Sie sich dementsprechend offen verhalten. Wenn Sie sich – lediglich durch einen Vermerk – beeinflussen lassen, haben Sie eine negative Erwartungshaltung, die, sofern Sie überhaupt anrufen, auch prompt erfüllt wird.

Für uns war es damals immer ein Ansporn, mit solchen Kunden zu telefonieren. Zum einen, um dem betreffenden Kollegen zu zeigen, dass er von Verkaufen überhaupt keine Ahnung hat, zum anderen, weil es sich wirklich lohnte. Außerdem hatten wir immer viel Spaß dabei: „Mensch, Kollege, wer hat dir bloß das Verkaufen beigebracht? Hier steht: Kunde ist ein ... Dabei ist das doch ein ganz patenter Kerl. Nächste Woche habe ich dort einen Termin." „Ja, ja. Wie war das noch mit dem Kunden vor sechs Monaten, den du als ‚büromaschinenuntauglich' abqualifiziert hattest und bei dem heute ein brandneues Kopierzentrum mit allen Schikanen von mir steht? Also, heb dir deine Büttenreden für den Karneval auf." Da wir keine Geheimagenten waren, haben wir auch nie im stillen Kämmerlein telefoniert. Davon abgesehen, dass es überhaupt nicht möglich war, hätten wir es auch keinesfalls begrüßt.

Unser Betriebsrat ist einmal auf die wenig glorreiche Idee gekommen, das Großraumbüro so einteilen zu wollen, dass jeder Verkäufer einen abgegrenzten Arbeitsplatz für sich gehabt hätte. Ohne Blick- und Hörkontakt zu den Kollegen wäre uns aber das verlorengegangen, was für uns am wichtigsten war, nämlich der Spaß an unserer Arbeit. Also schrieben wir dem Betriebsrat, dass wir uns jegliche Einmischung in unser Verkäuferleben verböten. Außerdem wäre ja gar nicht sicher, ob die Geschäftsführung die Einstellung eines Wärters genehmigen würde. Irgendwer müsste uns dann wohl auch in unseren Affenkäfigen beaufsichtigen. Wir hatten schließlich nichts zu verbergen – weder unsere Fehler, die übrigens auch ausgebuffte Verkäufer machen, noch unsere Stärken.

> *Sie können sich überhaupt nicht vor anderen blamieren. Es sei denn, Sie bilden sich ein, dass alle Augen und Ohren ausschließlich auf Sie gerichtet sind.*

Wenn Sie so alleine vor sich „hintelefonieren", wer soll Sie denn auf eventuelle Fehler aufmerksam machen? Ihr Kunde bestimmt nicht! Stellen Sie sich einmal vor, Sie würden ein Jahr lang immer denselben gravierenden Fehler bei Ihren Telefonaten machen, durch den Sie, sagen wir, zwei Termine in der Woche weniger machen, als möglich wäre. Das sind über hundert Termine im Jahr. Das können Sie in keinem Verkäuferleben wieder aufholen!

Es geht doch auch um einen gewissen Ansporn unter den Verkäufern. Denn wenn einer Ihrer Kollegen mehr Termine macht als Sie, dann brauchen Sie nicht gleich den falschen Schluss zu ziehen, dass Sie sozusagen eine verkäuferische Pfeife sind, sondern Sie erkennen einfach, dass es möglich ist, mehr zu machen. Und etwas, das grundsätzlich möglich ist, können Sie ja wohl schon lange, oder!? Ergo brauchen Sie nur noch einen Weg zu finden, der es auch Ihnen ermöglicht, mehr Termine zu bekommen. Das sieht dann im Idealfall so aus: machen, fragen, probieren, auf die Nase fallen, besser machen. Machen, fragen, probieren, auf die Nase fallen, besser machen ... Bis es klappt.

Übrigens ist es den so genannten „alten Hasen" auch gestattet, ihre Telefongespräche einmal durch einen Kollegen überprüfen zu lassen, um sie gegebenenfalls zu überarbeiten. Ach so, Sie sind schon top? Gut! Dann träumen Sie ruhig weiter. Machen Sie doch einmal eine Bandaufnahme von Ihren perfekten Telefonaten. Sie werden sich wundern ...

> *Wer meint, er wäre gut, hat aufgehört, besser sein zu wollen.*

Versetzen Sie sich in die Rolle Ihrer Gesprächspartner

Sie brauchen sich auch keine endlos langen Listen mit eventuellen Einwänden des Kunden zu erstellen, deren Entkräftung Sie Ihren Gesprächspartner dann, brav vorgelesen oder auswendig gelernt, entgegenschleudern. Wie viele Einwände gibt es denn Ihrer Meinung nach? 10 bis 20 oder gar 30? Noch mehr? Wenn Sie der Ansicht sind, dass Ihr Angebot dem Kunden wirklich Vorteile bringt, wird es so viele Einwände ja wohl nicht geben können ... Natürlich können Sie sich selbst so lange auf Skepsis programmieren, bis Sie Vorbehalte gegen Ihr eigenes Angebot haben. Alles ist möglich, wenn man sich nur Mühe gibt!

Oder Sie setzen sich hin und schreiben ein Skript für Ihr Telefonat. Das lernen Sie dann auswendig, und eigentlich kann dann nichts mehr schiefgehen. Oder doch? Ach so, der Kunde kennt den Text nicht und antwortet immer anders, als ihr Skript vorsieht. Das ist natürlich Pech! Meiner Meinung nach wären Verkäufer, die so vorgehen, in einer Schauspielschule besser aufgehoben. Da ist es nämlich so, dass die Darsteller ihren Text und die Antworten der Mitspieler kennen. Natürlich unterstützt ein Skript oder Leitfaden immer den Verkauf. Allerdings ist er als flexibel zu handhabende Gesprächsstruktur gedacht, nicht als auswendig gelerntes Skript.

Um nun endlich einmal mit der allgemein in Umlauf befindlichen Meinung, ein Verkäufer müsse ein guter Schauspieler sein, aufzuräumen: Der Unterschied zwischen einem Schauspieler und einem Verkäufer ist ganz einfach:

Der Schauspieler ist nur gut, wenn er sich in seine Rolle versetzten kann, diese durchlebt und sich in einen – meist fiktiven – Menschen, dessen Charakter und Verhaltensweisen er ausgiebig studiert hat, verwandelt. Er hat mit der Rolle seines Gegenübers überhaupt nichts zu tun. Er kennt dessen Antworten und muss sich keinerlei Gedanken machen, wie das Gespräch weiter verläuft und zu welchem Ergebnis es führt. Alles ist vorgegeben. Er braucht nichts zu steuern. Sollte es trotzdem einmal nicht so klappen, dann ist da ja noch der Regisseur, der von außen Anweisungen gibt und alles noch einmal aufklärt. Dann wird die Szene eben erneut gedreht. Bis es klappt.

Der Verkäufer ist nur gut, wenn er sich in einen anderen Menschen, mit dem er vorher noch nie gesprochen hat, dessen Charakter und Verhaltensweisen er nicht kennt, versetzen kann. Er besitzt also die Fähigkeit, sich in ihm unbekannte Personen hineinzudenken, deren Stimmung zu erkennen und auf unvorhergesehene Antworten seines Gegenübers flexibel zu reagieren. Darüber hinaus hat er gelernt, die jeweilige Situation richtig zu bewerten. Er darf auch nicht einfach davon ausgehen, dass alle Menschen, deren Antworten und Reaktionen irgendwie ähnlich oder gar gleich sind (was bei einer Erdbevölkerung von derzeit 6 712 627 032 Menschen auch schwierig wäre). Aus diesem Grund ist es für ihn absolut sinnlos, einen Text oder Gesprächsleitfaden auswendig zu lernen. Dies würde nämlich bewirken, dass er sich ausschließlich an seinen Text klammert und überhaupt nicht mehr auf seinen Verhandlungspartner eingehen kann, um ihn für sich und sein Anliegen zu gewinnen.

Daraus lässt sich wohl schließen, dass ein Verkäufer über wesentlich mehr Einfühlungsvermögen und vor allem Flexibilität verfügen muss und die Bezeichnung Schauspieler völlig fehlt am Platze ist. Verkaufen ist immer live. Da gibt es niemanden, der im Zweifelsfall sagt „Klappe, Abschlussgespräch, die vierte", bis es endlich klappt. Schärfen Sie lieber Ihre Sinne, und verlassen Sie sich einfach auf Ihren Denkapparat, der wird Ihnen erfahrungsgemäß die richtigen Ideen liefern, wenn es soweit ist.

> *Die sicherste Methode, erfolgreich zu verkaufen, ist immer noch, sich auf sich selbst zu verlassen.*

Hauruck-Akquise führt zu nichts

Manchmal erzählen mir meine engsten Freunde, was sie in ihrem Beruf alles so erleben. Hilfreich standen sie mir mit ihren Schilderungen auch beim Verfassen dieses Buches zur Seite.

> Einer meiner Freunde ist Einkäufer bei einem Anlagenbauer im Niedersächsischen. Er erhielt den Anruf eines Verkäufers, der, welch ein Zufall, Kopierer verkauft. Wohl bemerkt, dieses Telefonat fand vor wenigen Wochen statt, also zu einer Zeit, in der es eigentlich bis zu jedem Unternehmen vorgedrungen sein müsste, dass man durch eine auswendig gelernte Hauruck-Akquisition noch niemals etwas erreicht hat, erreicht und erreichen wird. Es sei denn, man hat vor, sich unbeliebt zu machen.
>
> *Einkäufer:* „Richter, Guten Tag."
>
> *Verkäufer:* „Guten Tag. Mein Name ist ... von der Firma R. R. Wir gehören zu Deutschlands Top 3 der Büroartikelhändler und führen gerade eine Telefonakquisition durch. Ich möchte ..."
>
> *Einkäufer:* „Entschuldigen Sie bitte, dass ich hier gleich unterbreche, aber ich möchte Ihnen, bevor Sie konkreter werden, gleich sagen, dass unser Unternehmen kürzlich den Rahmenvertrag mit unserem Lieferanten neu gestaltet hat und somit momentan absolut kein Bedarf besteht."
>
> *Verkäufer:* „Ich wollte Ihnen am Telefon auch gar nichts verkaufen."
>
> *Einkäufer:* „Ach so, Sie machen eine Telefonakquisition und wollen nichts verkaufen?"
>
> *Verkäufer:* „So habe ich das auch nicht gemeint. Ich wollte nur einen Termin."
>
> *Einkäufer:* „Ja was denn nun? Aber das ist ja auch unerheblich, denn ich hatte Ihnen ja schon gesagt, dass in unseren Haus derzeit kein Bedarf besteht."

Verkäufer:	„Ja, aber ich hätte doch ganz gerne einmal mit Ihnen über die eventuellen Konditionen für Ihr Haus ..."
Einkäufer:	„Also nun hören Sie mir doch mal zu! Ich hatte Ihnen doch deutlich gesagt, dass wir keinen Bedarf haben. Bevor Sie mich dazu verleiten, unhöflich zu werden, lassen Sie uns dieses Gespräch beenden. Wir können dadurch beide wertvolle Zeit sparen."
Verkäufer:	„Ja, aber ..."
Einkäufer:	„Na gut, anscheinend interessiert es Sie überhaupt nicht, was ich Ihnen erzähle. Also auf – hoffentlich nicht – Wiederhören."

Damit war das Gespräch beendet, wodurch sich einmal mehr das Vorurteil vom eiskalten Einkäufer bestätigt. Bevor Sie nun aber zum Schluss kommen, dass all diese Damen und Herren sadistisch veranlagt sind, überlegen Sie bitte, wie Sie reagieren würden, wenn Ihr Gesprächspartner überhaupt nicht auf Ihre Situation einginge, sondern ausschließlich daran interessiert wäre, sein Anliegen durchzupeitschen. Der Verkäufer konnte wahrscheinlich noch nicht einmal etwas dafür. Entweder hat man es ihm so beigebracht oder das Unternehmen meint, mit dieser Strategie besonders erfolgreich werden zu können. Mich erinnern solche Wortschlachten jedenfalls eher an Krieg, und Kunden gewinnt man auf diese Art sicherlich nicht.

Wenn das ursprüngliche Ziel – hier anscheinend eine Terminvereinbarung – nicht erreicht werden kann, so ist es ratsam, auf ein anderes auszuweichen und nicht starr wie eine Eisenbahnschiene einen Weg zu verfolgen, der an diesem Tag unbegehbar ist. Nachdem der Einkäufer zu verstehen gegeben hat, dass gerade neue Verträge abgeschlossen worden sind, müsste doch eigentlich klar sein, dass die Grundvoraussetzung für eine Geschäftsbeziehung überhaupt nicht gegeben ist.

In solchen Fällen können Sie in Ihre Trickkiste greifen, so tief Sie wollen. Sie werden nichts finden, womit Sie Ihren Gesprächspartner dazu bewegen können, sich erneut Gedanken über den gerade gedeckten Bedarf zu machen. Sie erreichen eher das Gegenteil und versenken mit dieser Holzköpfigkeit einen Teil des Kundenpotenzials.

Warum wollen Sie Ihrem Gesprächspartner und sich den Tag verderben? Bleiben Sie lieber locker:

Verkäufer: „Das ist schade, Herr Richter. Na ja, wer zu spät kommt, den bestraft das Leben. Wer ist denn Ihr glücklicher Lieferant?"

Einkäufer: „Wir haben Bürofix als Lieferanten."

Verkäufer: „Da haben Sie eine gute Wahl getroffen. Sagen Sie bitte, wie lange laufen die neuen Verträge?"

Einkäufer: „Wir haben diesmal über drei Jahre abgeschlossen."

Verkäufer: „Herr Richter, spricht etwas dagegen, wen ich Ihnen von Zeit zu Zeit Informationen über uns zukommen lasse? So können wir in losem Kontakt stehen. Man weiß ja nie, wie sich die Dinge entwickeln."

Einkäufer: „Nein. Das wäre sehr nett."

Verkäufer: „Gut! Dann bedanke ich mich recht herzlich für das freundliche Gespräch und wünsche Ihnen noch einen schönen Tag."

Wenn Sie und Ihr Unternehmen in drei Jahren keinen Umsatz mehr brauchen sollten, ist es natürlich unnötig, mit dem Kunden in Verbindung zu bleiben. Andernfalls können Sie jetzt beweisen, dass Sie sich um Ihre Kandidaten bemühen und nicht nur auf das schnelle Geschäft aus sind. Hier sind Konsequenz und Kontinuität gefragt, um dem Kunden Ihren Wunsch nach dem Aufbau einer langfristigen Beziehung zu demonstrieren. Das kann zuweilen Jahre dauern, aber auch ganz schnell gehen. Sie wissen nie, wie es kommt. Wenn der Kunde mit seinem Vertragspartner unzufrieden sein sollte, können Sie sich darauf verlassen, dass der Kunde in solche Fällen woanders bestellt. Oder meinen Sie etwa, dass dann noch lange gefackelt wird? Da wäre es doch ganz nützlich, wenn man sich mit einem guten Gefühl an Sie erinnert.

Der erste Satz muss sitzen

Das soll nicht bedeuten, dass Sie sich überhaupt keine Gedanken über den Ablauf Ihrer Telefongespräche machen sollen. Es ist jedoch sinnvoller, sich auf das Wesentliche zu konzentrieren. Richten Sie also Ihr Augenmerk nicht auf die Einwandbehandlung, sondern darauf, wie Sie innerhalb kürzester Zeit Interesse bei Ihrem Gesprächspartner wecken können. Wenn Sie das nämlich geschafft haben, gibt es keine unüberwindbaren Einwände mehr.

Es gibt zu viele Verkäufer, die bei einem Telefonat erst einmal zehn Minuten brauchen, um ihren Kunden zu erklären, worum es überhaupt geht. Falls der Teilnehmer am anderen Ende der Leitung noch nicht eingeschlafen ist, wird er sich fragen, wie lange denn ein persönliches Gespräch wohl dauern wird, wenn es zu einer simplen Terminvereinbarung schon den halben Vormittag braucht. Gehen Sie bitte davon aus, dass Ihr Kunde keine Zeit übrig hat, die er mit Ihnen am Telefon verbummeln kann bzw. möchte. Das gilt, nebenbei bemerkt, natürlich auch für Sie.

Je komplizierter sich Ihr Einstieg am Telefon gestaltet, desto weniger Aufmerksamkeit können Sie erwarten. Neugierde können Sie nun einmal nicht wecken, wenn Ihr Gesprächspartner lediglich darauf wartet, dass er eine Ihrer Atempausen nutzen kann, um Ihnen zu erklären, dass er kein Interesse hat. Erinnern Sie sich doch einmal an Ihre Schulzeit. Es gab doch bestimmt hochinteressante Themen für Sie, die untergingen, weil Ihr Lehrer sich wahnsinnig kompliziert und umständlich ausdrückte. Ergebnis: Ihr ursprüngliches Interesse ging verloren.

Es ist durchaus legitim, dass ein Verkäufer, der von seinem Produkt begeistert ist, soviel wie möglich darüber erzählen möchte. Jedoch sollte er den richtigen Zeitpunkt abwarten. Lassen Sie sich also niemals zu einer telefonischen Produktbeschreibung hinreißen. Das würde nämlich einer mündlichen Prospektverteilung gleichkommen, und das haben wir ja schon im vorhergehenden Kapitel erörtert.

Das ist ein Punkt, in dem Sie sich deutlich von Ihren Mitbewerbern unterscheiden können. Wenn weniger mehr ist, dann ist am Telefon noch weniger noch mehr:

> *Kommen Sie zielstrebig zur Sache!*

Ich habe mir für den Einstieg immer einen kurzen Satz überlegt, der meiner Meinung nach alles Wichtige beinhaltet, zum Beispiel:

- „Guten Tag, Frau/Herr ... Mein Name ist Christian Sickel von der Firma Komet in Köln. Ich würde gerne einen Termin mit Ihnen vereinbaren, bei dem wir gemeinsam feststellen können, ob wir Ihnen bei der Senkung der Transportkosten in gleichem Maße behilflich sein können, wie wir es schon bei vielen Unternehmen Ihrer Größe vermocht haben."

Entweder machen Sie hier eine kurze Pause, um die Reaktion Ihres Gesprächspartners auszuloten, oder fragen direkt: „Wann haben Sie diese oder nächste Woche einmal Zeit für ein kurzes Gespräch?" Da Sie dem Kunden ja dazu verhelfen, seine Kosten zu senken, wäre es jedoch wenig überzeugend, wenn Sie hier zögern würden.

- Oder: „... bei dem wir gemeinsam feststellen wollen, ob Sie durch unsere Unterstützung eine ähnlich hohe Senkung Ihrer Transportkosten erwarten können, wie wir sie schon bei acht von zehn Kunden Ihrer Größe erzielen konnten."

- Oder: „... bei dem wir gemeinsam feststellen werden, inwieweit Sie durch unsere Unterstützung Ihr Werbebudget entlasten können."

Sie sehen, in einem Satz können Sie sehr viel unterbringen. Sie haben dem Kunden kurz erklärt, worum es geht, und nach dem Termin gefragt. Da Sie den Nutzen zunächst einmal allgemein formuliert haben, ist die Angriffsfläche für Einwände klein geblieben. Oder kennen Sie jemanden, der grundsätzlich kein Interesse an Einsparungen oder Umsatzsteigerungen hat?

Wie Sie Ihren Satz nun im Einzelfall genau formulieren, bleibt selbstverständlich Ihnen überlassen. Bitte ersparen Sie Ihrem Gesprächspartner jedoch eine Vorstellung Ihrer Firma mit Gründungsjahr, Firmenhistorie und Mitarbeiterzahl. Es wird ihn nicht interessieren, und Sie blähen das Gespräch nur unnötig auf. Sollte der Kunde jedoch Interesse an solchen Informationen signalisieren, müssen Sie selbstverständlich in der Lage sein, ihm Auskunft zu geben. Grundsätzlich sollten Sie aber darauf achten, nur Dinge zu erwähnen, die dem Kunden wirklich nützen. Verwenden Sie bitte häufig Worte wie: „steigern", „fördern", „erhöhen", „vermehren", „erweitern", „verbessern", „aufwerten", „wachsen". Oder: „senken", „sparen", „entlasten", „minimieren", „vermindern", „verringern", „verkleinern", „erleichtern". Und: „unterstützen", „helfen", „behilflich sein", „mithelfen", „nützlich sein", „fördern", „beisteuern", „beitragen" usw.

Wenn Sie nun Interesse bei Ihrem Gesprächspartner geweckt haben, wird dieser wissen wollen, wie Sie eine Umsatzsteigerung oder Kostensenkung denn bewerkstelligen wollen. An dieser Stelle entscheidet sich meist, ob Sie einen Termin bekommen oder nicht. Sollten Sie den Kunden jetzt in Ihre Produkt- oder Dienstleistungs-Gebetsmühle nehmen, so wird das Gespräch aller Wahrscheinlichkeit nach keinen zufriedenstellenden Verlauf nehmen. Sie geben dem Kunden Gelegenheit, Einwände vorzubringen: „Haben wir schon." „Brauchen wir nicht." „Kennen wir alles ..." Höflicherweise wird er Sie bitten, ihm einen Prospekt zuzuschicken, und das war es dann.

Im Verdrängungswettbewerb müssen Sie davon ausgehen, dass Ihr Produkt bereits eingesetzt wird. Auch wenn es hundertmal besser ist als alle anderen zusammen, werden Sie das in einem so kurzen Gespräch niemals erklären können: Deshalb sage ich es noch einmal:

> *Hände (Mund) weg vom Produkt!*

Aus diesem Grund ist es manchmal ganz sinnvoll, ein wenig Fahrt aus dem Gespräch zu nehmen, auch um dem Kunden zu zeigen, dass Sie ihm nicht direkt ans Leder (seiner Geldbörse) wollen. Erklären Sie ihm, dass es zunächst einmal darum geht, festzustellen ob bzw. inwieweit eine Zusammenarbeit überhaupt den gewünschten Erfolg bringen könnte: „Sehen Sie, Herr ..., wie ich eingangs schon sagte, ist es zunächst einmal wichtig, herauszufinden, *ob* wir Ihnen bei einer für Sie akzeptablen Einsparung/Steigerung behilflich sein können. Da unsere Vorschläge Ihrer Situation individuell angepasst werden, ist es nötig, dass wir uns zunächst einmal näher kennen lernen. Danach werden wir erst ins Detail gehen können. Kann ich Ihrer Frage ein grundsätzliches Interesse an einer Einsparung/Steigerung entnehmen?"

Voilà! Wer hier nein sagt, ist entweder nicht geschäftüchtig oder schwimmt nur so im Geld. Indem Sie zunächst einmal in Frage stellen bzw. klären wollen, ob ein zufriedenstellendes Ergebnis überhaupt möglich ist, unterscheiden Sie sich von 99 Prozent Ihrer Kollegen. Diese behaupten oder versprechen erst einmal alles und halten dann nichts: „Wir haben bisher noch jedem Unternehmen 20 bis 30 Prozent Ersparnis gebracht." Die Sprüche sind immer die gleichen, und jeder Kunde kennt sie mittlerweile auswendig. Überlegen Sie doch einmal: Jemand ruft Sie an und erklärt Ihnen, dass es bestimmt möglich ist, den Benzinverbrauch Ihres Autos um 15 Prozent zu senken. Ein anderer ruft Sie an und möchte mit Ihnen gemeinsam feststellen, ob eine Senkung überhaupt möglich ist. (Das Ergebnis ist unbestimmt.) Welche Aussage macht Sie neugieriger? Oder anders gefragt: Warum beschäftigen sich die Menschen wohl immerzu mit dem, was sie nicht wissen, und nicht mit dem, was sie bereits wissen? Weil sie neugierig sind! Außerdem klingen Versprechungen, die ohne jegliche Kenntnis der Sachlage gemacht werden, nicht gerade glaubwürdig. Da Sie jedoch seriös und versiert verkaufen, unterscheiden Sie sich auch hier von Ihren Mitbewerbern. Sie schaffen zunächst einmal Vertrauen und wecken Interesse, das auch wirklich bis zum vereinbarten Termin anhält.

Hier kommt für mich übrigens einer der entscheidenden Nachteile im Vergleich zum Direktbesuch zum Vorschein: Sie können nichts tun, als auf den Termin zu warten, wenn Sie die Neugierde Ihres Gesprächspartners geweckt haben. So gern Sie auch möchten, Sie dürfen den Kunden nicht in Ihre Geheimnisse einweihen. Selbst wenn die Spannung am anderen Ende der Leitung noch so hoch ist, bis zu Ihrem Treffen kann viel geschehen. Das ist dann wie beim Angeln: Sie haben den Fisch zwar an der Leine, dürfen ihn aber noch nicht aus dem Wasser ziehen. Im Direktbesuch würde Ihnen kaum noch etwas dazwischenkommen.

So vermeiden Sie Bruchlandungen bei der Terminvereinbarung

„Haben Sie die Übersicht über den Terminkalender von Herrn ...?" ist eine sehr beliebte Frage, um sich unbeliebt zu machen. Wenn der Entscheider außer Haus ist und der Verkäufer unbedingt eine Terminvereinbarung durchpeitschen will, versucht er es eben über die Sekretärin. Allein diese Frage ist geeignet, so viele Minuspunkte zu sammeln, dass sie kaum ausgeglichen werden können. Für die meisten Vorzimmerdamen ist es nämlich undenkbar, eine solche Entscheidung über den Kopf ihres Chefs hinweg zu treffen. Sie wissen nur zu gut, dass sie sich hierdurch Ärger einhandeln würden.

Versuchen Sie also niemals, Menschen zu veranlassen, Dinge zu tun, die ihre Kompetenzen überschreiten. So werden Sie auf keinen Fall Verbündete gewinnen. Die Frage an sich löst bei einem Großteil der Sekretärinnen schon eine innere Empörung aus, was zur Folge hat, dass Sie unten durch sind.

Auch wenn Sie Nutzen in Hülle und Fülle in der Tasche haben, halten Sie bitte den üblichen Dienstweg ein. Gesetzt den Fall, Sie könnten Ihre Gesprächspartnerin von der Bedeutung Ihres Anliegens überzeugen und bekämen einen Termin, dann wäre wohl das Verhandlungsergebnis eher bescheiden. Denn Ihr Gesprächspartner wäre nicht vorbereitet und hätte sich nicht auf Ihren Besuch einstellen können. Momentan sind für ihn sowieso ganz andere Dinge wichtig, und deshalb ist Ihre Anwesenheit mehr oder weniger unerwünscht. Das Resultat Ihrer Taktik ist in der Regel eine höfliche Abfuhr.

Es ist doch wesentlich sinnvoller, sich mit dem jeweiligen Gesprächspartner wirklich zu unterhalten und Interesse an seiner Person zu bekunden, als ihn lediglich zu benutzen, um weiterverbunden zu werden oder Spekulationstermine zu vereinbaren. Das sollte natürlich im Rahmen des Möglichen bleiben, jedoch verkaufen Sie Ihren Nutzen hoffentlich an das gesamte Unternehmen und nicht ausschließlich an den Entscheider! Wer oder was hindert Sie daran, auch die Untergebenen durch ehrliche Aufmerksamkeit für sich zu gewinnen?

Natürlich bleibt es Ihnen überlassen, diese Leute als hohle Nüsse zu bezeichnen und sich nicht weiter mit ihnen aufzuhalten, wie ich neulich als Empfehlung gelesen habe. Inwieweit Sie diese für mich bedenkliche Einstellung zu Ihren zukünftigen Kunden weiterbringt, ist Ansichtssache.

Was spricht denn dagegen, dass Sie – ähnlich wie im Direktbesuch – versuchen, erst einmal Kontakte zu knüpfen, wenn der Entscheider außer Haus ist? Je mehr Mitarbeiter des Unternehmens Sie kennen lernen, desto besser. Das ist ja auch der eigentliche Sinn Ihres Anrufs, nämlich sich mit dem Unternehmen bekanntzumachen. Oder haben Sie etwa so wenig für andere Menschen übrig, dass Sie sich Ihre Freundlichkeit und Ihr Interesse an ihnen schon einteilen müssen?

Finden Sie heraus, wer Entscheidungskompetenz besitzt

Vergessen sie bitte niemals, dass auch Sie selbst als Person mit in die Waagschale geworfen werden. Sollte man Ihr Angebot mit einem anderen vergleichen und sich Preise und Nutzen ähneln, wird der Kunde sich wohl eher für den Verkäufer entscheiden, dem er eine freundliche und kompetente Betreuung auch nach dem Kauf zutraut. Durch Ihr Verhalten haben Sie dann ja schon gezeigt, dass Sie bereit sind, auf Probleme einzugehen, und man wird gerne mit Ihnen zusammenarbeiten. Es besteht auch durchaus die Möglichkeit, dass Sie, ohne es zu wissen, mit dem Zünglein an der Waage bzw. mit der für die Kaufentscheidung maßgeblichen Person telefonieren. Ein Kollege, Manfred Grossmann, erzählte mir vor ein paar Jahren eine hierzu passende Geschichte:

> Er hatte schon seit geraumer Zeit versucht, einen Termin bei einem der größten Unternehmen in seinem Gebiet zu bekommen. Seine Bemühungen endeten grundsätzlich bei der Sekretärin des Geschäftsführers. Es war auch kein Trost für ihn, dass sich schon Generationen anderer Verkäufer an dieser Umsatzbremse die Zähne ausgebissen hatten. Im Gegenteil. Gerade das stellte für ihn eine Herausforderung dar. Da er sich für einen ausgesprochen erfolgreichen Verkäufer hielt, was er übrigens auch war, sagte er sich anfangs immer wieder: „Das wäre doch gelacht, wenn ich hier keinen Termin bekommen würde." Anscheinend war sein Optimismus aber noch nicht bis zu eben dieser Dame vorgedrungen, sodass er mit der Zeit dazu überging, geheime Mordpläne zu schmieden. Er hatte nun wirklich alles versucht. Zuerst mit Freundlichkeit, dann mit Sprüchen wie „Können Sie das überhaupt entscheiden" und „Sie schaden Ihrem Unternehmen."

Nach geraumer Zeit wurden seine Bemerkungen bezüglich dieser Firma immer zorniger. Oft schimpfte er nur noch: „Manchmal hege ich den Wunsch, diese Frau umzubringen! Das gibt es doch gar nicht. Ein Unternehmen mit fast 100 Mitarbeitern kopiert immer noch nicht auf Normalpapier. Dieser ‚Ziege' sollte man wirklich einmal persönlich auf die Bude rücken." Bis er eines Tages von einem Kollegen gefragt wurde: „Warum tust du es denn nicht?" „Was denn?" „Na, auf die Bude rücken. Du packst ein Gerät ein, fährst hin und weckst sie aus ihrem mittelalterlichen Dornröschenschlaf."

Gegen diesen Vorschlag an sich war ja nichts einzuwenden. Damals war es nur so, dass unser kleinster Kopierer die bescheidenen Maße von etwas 45 cm Höhe, 40 cm Breite und sage und schreibe 80 cm Tiefe hatte, was eher auf ein transportables Röntgengerät als auf einen Tischkopierer schließen ließ. Es wäre noch erwähnenswert, dass das Gewicht von etwa 75 kg auch nicht gerade dazu animierte, größere Demonstrationstouren damit zu bestreiten.

Wer meinen Kollegen kannte, wusste jedoch, dass er für Umsatz mit diesem Apparat sogar in einem Schlauchboot zur Insel Helgoland gerudert wäre. Er brauchte also nur noch jemanden, der ihn bei seinem Vorhaben unterstützte, und wer wäre da besser geeignet gewesen, als der Kollege, der ihn überhaupt erst auf diese Idee gebracht hatte. Nach einigen Runden Freibier im Stammlokal wurde man sich einig und verabredete, die Aktion am übernächsten Tag durchzuführen.

Zu diesem Zeitpunkt war den beiden noch nicht bekannt, dass die Dame des Herzens im fünften Stockwerk des Firmengebäudes residierte, was im Zeitalter der Fahrstühle nicht schlimm war, jedoch bei Generalüberholung derselben zu argen Rückenschmerzen führen kann. Die Spannung wurde noch dadurch erhöht, dass man nicht wusste, ob das Subjekt der Begierde überhaupt anwesend war, da die Anmeldung eines Besuches ja schon des Öfteren kläglich gescheitert war und somit gar nicht erst in Betracht kam. Die Herren nahmen sich vor, einen taktisch klugen Angriff zu führen, indem sie den Überraschungseffekt nutzten. Somit wollten sie auch darauf verzichten, bei ihrem Eintreffen zu eruieren, ob gesagte Dame im Hause sei. Als sie bei ihrer Ankunft feststellten, wie es um den Fahrstuhl stand, fragten sie sich: „Macht mein Herz das überhaupt noch mit?" Da jedoch im eigenen Büro die Blamage des Jahrhunderts drohte, wenn bei dieser Expedition wieder überhaupt nichts herauskommen würde, wurden die gesundheitlichen Bedenken sofort wieder ausgeräumt. Was genau Kollege Grossmann zu seiner „Liebsten" sagte, damit sie ihm fünf Minuten ihrer kostbaren Zeit widmete, wird wohl auf immer sein Geheimnis bleiben, da er sich hieran nicht mehr so recht erinnern kann oder will. Es ist wohl anzunehmen, dass eher der erschöpfte und Mitleid erregende Eindruck, den die beiden Herren nach ihrer Bergtour machten, das Herz dieser Frau erweichen ließ.

Der Rest der Geschichte ist schnell erzählt. Nachdem die beiden das Gerät aufgebaut und vorgeführt hatten, fragte die plötzlich freundlich gewordene Chefsekretärin nur: „Was kostet das?"

Worauf sie, nachdem ihre Frage beantwortet worden war, an die Tür des Geschäftsführers klopfte und ihn bat, einmal kurz in ihr Vorzimmer zu kommen. Die Art, wie sie das tat, ließ bei meinem Kollegen die Frage aufkommen, wer wohl in diesem Unternehmen das Sagen hätte. Als ihr Chef den Raum betrat, zeigte sie nur auf das Gerät, gab eine kurze Erklärung über den Preis ab und sagte: „Das brauche ich!" „Gut. Legen Sie den Vertrag morgen in meine Unterschriftenmappe. Ich werde ihn dann unterschreiben", war die knappe Antwort, die auch gleichzeitig als Verabschiedung diente. Der Geschäftsführer nickte nur kurz und verschwand wieder in seinem Arbeitszimmer. Sie werden sich vorstellen können, dass die Kollegen mit allem gerechnet hatten, aber an einen solchen Treffer hatten sie nun wirklich nicht geglaubt. Da zeigt sich einmal mehr, dass im Verkauf alles möglich ist. Der Geschäftsführer hatte sich in diesem Fall gar nicht mit Entscheidungen aus dem Arbeitsbereich befasst. Sie war also der eigentliche Gesprächspartner für die Anschaffung des Gerätes. Das lässt durchaus den Schluss zu, dass an einer Entscheidung häufig mehr Menschen beteiligt sind, als wir glauben möchten, nämlich diejenigen, die die Entscheidung positiv oder negativ beeinflussen können.

Hier wird auch sehr deutlich, dass man Produkte oder Dienstleistungen gar nicht am Telefon erklären kann. Deshalb helfen auch die schönsten Prospekte nicht viel. Sie können nämlich weder etwas plastisch darstellen, geschweige denn einen Nutzen demonstrieren. Die Sekretärin wurde wohl immer nur mit telefonischen Produktbeschreibungen konfrontiert. So konnte sie den Unterschied zwischen einer Normalkopie und der auf Spezialpapier nicht kennen. Sonst wäre sie wohl kaum aus allen Wolken gefallen und hätte das Gerät sofort bestellt. Kein Wunder, dass nie ein Termin zustande kam.

Aus dieser Begebenheit können wir durchaus den Schluss ziehen, dass es grundsätzlich angebracht ist, die Kompetenzen des jeweiligen Gesprächspartners niemals zu unterschätzen. Auch wenn dieser nicht direkt unterschriftsberechtigt ist, so kann es doch möglich sein, dass er für die Entscheidung ein ausschlaggebendes Mitspracherecht hat oder diese sogar eigenständig trifft.

Finden Sie heraus, wer in dem jeweiligen Unternehmen überhaupt als Verhandlungspartner für Sie in Frage kommt. Gehen Sie auch bitte hier nicht davon aus, dass dies in allen Unternehmen gleich gehandhabt wird.

Sollten Sie zum Beispiel voraussetzen, dass Entscheidungen grundsätzlich von der Geschäftsführung getroffen werden, richten Sie Ihr „Ohrenmerk" logischerweise ausschließlich auf die Herren in der Chefetage. Was nun, wenn es in diesem Unternehmen eine versierte Einkaufsabteilung gibt? Einen Termin bei der Firmenleitung werden Sie nicht bekommen, da man hier nicht zuständig ist. Entweder werden Sie an den Einkauf verwiesen oder man wird Sie bitten, Ihre Unterlagen zuzuschicken. Es sei denn, Sie präsentieren Ihr Angebot in einer auf den Bedarf des Gesprächspartners ausgerichteten Nutzenformulierung.

In Ihrer „Geschäftsführungsfixiertheit" werden Sie den zweiten Weg wählen, weil für Sie die unteren Chargen als Gesprächspartner nicht in Frage kommen. Ihrer Meinung nach sind ja die Herren mit Prokura im grauen Anzug maßgebend.

Wenn Sie später nachtelefonieren, werden Sie erstens feststellen, dass niemand mehr weiß, worum es überhaupt ging, und zweitens erfahren Sie nach langer Rückfragerei, dass Ihre Unterlagen an die zuständige Einkaufsabteilung weitergeleitet worden sind. Das hätten Sie nun wirklich auch einfacher haben können. Bei den Einkäufern haben Sie sich aber jetzt schon unbeliebt gemacht, weil Ihre Unterlagen über die Geschäftsführung zu ihnen gelangt sind. Es ist nämlich so, dass auch diese Herren ihren eigenen Stolz haben und sich verständlicherweise übergangen fühlen.

Springen Sie für Ihre Kunden durch brennende Reifen, wenn es sein muss

Wenn Sie bei einem ganz speziellen Unternehmen in Ihrem Gebiet nicht klarkommen oder der Meinung sind, dass Sie ausschließlich ein Gespräch mit der Geschäftsführung weiterbringt, sollten Sie sich Maßnahmen wie vorher beschrieben einfallen lassen. Blamieren können Sie sich nur, wenn Sie auch nach Ihrem dreißigsten erfolglosen Anruf immer noch fragen, wann Sie sich denn wieder melden dürfen. Das kann so lange weitergehen, bis Ihr Gesprächspartner seine Position oder das Unternehmen wechselt. Da ist es doch Erfolg versprechender, die Schleichfahrt zu beenden und in die Offensive zu gehen. Oder wollen Sie sich ewig veralbern lassen?

„Geht nicht", sagen Sie. „Das kann man in der heutigen Zeit keinem Kunden mehr zumuten. Die Leute wollen nicht behelligt werden." So, so. Wann haben Sie es denn das letzte Mal ausprobiert?

> *Es gibt keine schlechten Ideen, nur solche, die von vornherein verworfen werden.*

Immer wieder höre ich, was der Kunde heutzutage alles möchte und was nicht. Die Kundschaft hat sich geändert, heißt es. „Dies und das geht heute nicht mehr", ist schon der Standardsatz einiger Verkäufer geworden. Da wird von manchen Kollegen der Kunde vorgeschoben, um die eigene Trägheit zu überspielen. Ich habe mich darüber mit einigen meiner ehemaligen Kollegen unterhalten, und wir mussten feststellen, dass wir anscheinend höchst erfolgreich am Kunden von heute „vorbeiverkaufen".

Oder sollte es vielleicht eher so sein, dass alles, was für den Verkäufer selbst mit einem höheren Aufwand, einer Änderung seiner geliebten Gewohnheiten oder mit Überwindung, Unbequemlichkeit, dem Ausprobieren von Neuem, dem Versuchen von Undenkbarem oder ähnlich Fremdartigem verbunden ist, von vornherein als „nicht kundengerecht" verworfen wird?

Ich erlebe es sehr oft, dass Verkäufer diesen Standardsatz als Entschuldigung dafür benutzen, dass sie sich einige Dinge gar nicht erst vorstellen können oder wollen und somit auch nicht in die Verlegenheit gebracht werden, etwas tun zu müssen, das ihnen neu ist. Die Ursache hierfür ist wohl auch ganz einfach die Angst vor der Blamage. Die meisten Menschen haben Schwierigkeiten damit, etwas auszuprobieren, dessen Ergebnis sie nicht genau abschätzen können. Angst ist an sich ja nur ein anderes Wort für Ungewissheit. Sollte eine neue Idee oder Maßnahme also nicht den gewünschten Erfolgt bringen, stellt man sich ein Armutszeugnis aus – oder etwas nicht? Deshalb brauchen wir für alles und jedes auch eine Garantiekarte. Eine Gewissheits- oder Sicherheitskarte also. Um es einmal ganz deutlich zu sagen: Wenn Sie eine Garantie haben wollen, sollten Sie sich einen Toaster kaufen. Im Vertrieb gibt es so etwas nicht! Hier müssen Sie schon selbst ausprobieren, womit Ihnen der größtmögliche Erfolg beschert wird. Das bedeutet natürlich, sich gegebenenfalls auch einmal zu blamieren. Na und? Oder nehmen Sie sich so ernst, dass Sie nur über andere, nicht aber über sich selbst lachen können?

> *Sie sollten es geradezu als Ihre Pflicht betrachten, sich täglich einmal zu blamieren!*

Die anderen Kollegen sollten lieber dazu übergehen, ehrlich zu sein und zu sagen, dass sie so etwas nicht können bzw. machen wollen. Das ist ja an sich auch nichts Schlimmes, wenn sie sich stattdessen um andere Möglichkeiten kümmern würden, die ihnen persönlich mehr liegen, um die Kunden hinter ihren Felsspalten hervorzulocken.

Selbstverständlich gehören Sie nicht zu dieser Art Verkäufer, sondern gehen davon aus, dass Sie es mit offenen und mündigen Kunden zu tun haben, die durchaus in der Lage sind, sich ihre eigene Meinung zu bilden, und sich nicht bevormunden lassen. Deshalb haben Sie auch den Mut, für Sie Neues auszuprobieren, und sind immer einen Schritt weiter als Ihre Mitstreiter. Nur so können Sie sich zu den Verkäufern zählen, die auch in Zukunft die Nase vorn haben werden. Das galt im 20. Jahrhundert, und daran wird sich auch im 21. Jahrhundert so schnell nichts ändern.

Der Telefondummy

Der Telefondummy ist eine „Methode", von der niemand mehr so genau weiß, wie sie eigentlich entstanden ist. Wahrscheinlich wurde sie von einem Kollegen, der sich die Telefonakquisition besonders einfach gestalten wollte, erdacht. Im Grunde ist sie ganz leicht und basiert auf der Tatsache, dass sich eine Kontaktaufnahme für den Anrufer mühelos gestaltet, wenn schon einmal jemand aus dem eigenen Unternehmen mit der betreffenden Firma verhandelt hat. Nennen wir diesen Jemand „den Telefondummy".

Überlegen Sie doch einmal, wie viele Verkäufer jeden Tag bei einem Unternehmen anrufen. Normalerweise erinnert sich niemand mehr daran, wer wann, warum und mit wem telefoniert hat. Ob einer Ihrer Kollegen nun schon mit dieser Firma Kontakt hatte, wissen Sie mitunter selbst noch nicht einmal. Es spielt hierbei auch keine Rolle. Sie setzen es einfach voraus. Natürlich gibt es auch hier keinerlei Garantie, dass die Chancen, einen Termin zu bekommen, dadurch in Richtung 100 Prozent steigen. Es geht hierbei vielmehr darum, sich ein wenig den Druck vor dem Kaltanruf zu nehmen.

Ich habe meinem „Mann im Hintergrund" immer benutzt, wenn ich auf den Rest der Menschheit nicht so gut zu sprechen war, was mich allerdings nicht von der Pflicht der Neukundenakquisition entband. Schon nach ein paar Runden ging es dann meist wieder ohne den „Telefondummy":

Ich: „Guten Tag. Mein Name ist Christian Sickel von der Firma Komet. Ich hoffe, dass Sie mir weiterhelfen können. Ich habe nämlich ein kleines Problem mit Ihnen."

Kunde: „Mit mir??" (erschreckt)

Ich: „Nein, nein, nicht mit Ihnen persönlich. Mit Ihrer Firma."

Kunde: „Ach so (erleichtert). Mein Name ist Petra Müller. Wie kann ich Ihnen helfen?"

Ich: „Einer meiner Kollegen hat vor etwa einem halben Jahr in Ihrem Haus ein Gespräch über Einsparungsmöglichkeiten im Bereich ... geführt. Damals gab es noch keine zufriedenstellenden Ergebnisse, sodass man übereinkam, sich zum heutigen Zeitpunkt noch einmal zusammenzusetzen. Es ist nun so, dass mein Kollege, der seinerzeit die Verhandlungen führte, nicht mehr für diesen Bereich zuständig ist. Um es kurz zu machen, Frau Müller, mein Kollege hat eine so undeutliche Handschrift, dass ich den Namen des damaligen Verhandlungspartners beim besten Willen nicht entziffern kann. Meine

	Frage ist nun: Mit wem könnte mein Kollege in Ihrem Haus gesprochen haben?"
Kunde:	„Hm. Um welchen Bereich ging es noch einmal?"
Ich:	„Um die Senkung der ...kosten. Gibt es eine kaufmännische Abteilung, die hierfür verantwortlich ist?"
Kunde:	„Nein. Ich denke eher, dass wir es mit dem Leiter unserer ...Abteilung versuchen sollten. Das wäre Herr Kern. Einen Moment, bitte. Ich verbinde Sie weiter."
Ich:	„Guten Tag, Herr Kern. Mein Name ist Christian Sickel von der Komet GmbH. Ihre Mitarbeiterin, Frau Müller, sagte mir, dass Sie mir weiterhelfen würden."
Kunde:	„So? Um was geht es denn?"
Ich:	„Ein Kollege von mir hat vor etwa einem halben Jahr – ich weiß nicht, ob mit Ihnen persönlich – Gespräche über die Senkung Ihrer ...kosten geführt. Damals konnte noch keine hundertprozentige Lösung gefunden werden, sodass wir heute noch einmal auf Sie zukommen, um dieses Thema erneut aufzugreifen. Das ist der Grund meines Anrufs."
Kunde:	„Hm. Ich kann mich gar nicht so recht an eine solche Verhandlung erinnern. Wann soll das gewesen sein?"
Ich:	„Vor etwa einem halben Jahr. Aber wie gesagt, ich weiß nicht genau, ob der Kollege mit Ihnen persönlich gesprochen hat. Käme denn noch jemand in Ihrem Haus hierfür in Frage?"
Kunde:	„Nein, eigentlich nicht."
Ich:	„Wie sehr wären Einsparungen in diesem Bereich denn grundsätzlich für Sie interessant?"
Kunde:	„Grundsätzlich bin ich an Einsparungen immer interessiert."

Ich: „Gut. Dann sollten wir uns hierüber näher unterhalten. Wann hätten Sie in den kommenden 14 Tagen einmal Zeit für ein kurzes Gespräch?"

Es ist schon erstaunlich. Ich bin nie nach dem Namen meines Kollegen von damals gefragt worden. Auch hat sich niemand für eventuell vorhandene Gesprächsprotokolle interessiert. Auf die Idee, dass ich meinen Kollegen ja auch direkt nach dem Namen seines Verhandlungspartners fragen könnte, ist auch noch niemand gekommen. Die Verwirrung ist zunächst einmal perfekt, und meiner Erfahrung nach möchte Ihnen jeder helfen, das schwierige Problem zu lösen.

Dass Sie nebenbei natürlich einige Fragen stellen müssen, die Ihnen wichtige Informationen liefern, ist selbstverständlich. Die Fragen haben nicht mehr den Charakter des Aushorchens, sondern dienen dazu, Ihnen weiterzuhelfen.

Wenn Sie der üblichen Frage der Vorzimmerdamen: „Um was geht es denn?" mit: „Herr ... hat uns gebeten, ihn zu einer neuerlichen Terminvereinbarung zurückzurufen" entgegnen, werden Sie „Ach so, einen Moment. Ich stelle Sie durch" als Antwort erhalten.

Wie gesagt, der Dummy im Hintergrund ist ausschließlich dazu da, den Einstieg zu erleichtern. Sie haben eine Information, die nicht vollständig ist, der Sie aber nachgehen müssen. Als Nachfolger Ihres Kollegen können Sie keine Gewähr übernehmen, dass alle Angaben korrekt und vollständig sind. Anscheinend war der Mann ja noch nicht einmal in der Lage, seinen Namen deutlich zu schreiben. Wer sollte Ihnen denn übelnehmen, dass Sie sich unverschuldet in dieser misslichen Lage befinden?

Ich bin bei einer solchen Gelegenheit schon einmal gefragt worden: „Kann der damalige Gesprächspartner ein grauhaariger Herr gewesen sein?" „Möglich ist das schon." (Ich persönlich war ja nicht dabei.) „Das ist Herr König. Der ist aber nicht mehr bei uns. Heute ist unser Herr Resing dafür zuständig." Ein glücklicher Zufall wie dieser macht den Einstieg natürlich noch leichter.

Damit hat der „Telefondummy" seine Schuldigkeit auch schon getan.

Checkliste Telefonakquise

- ✓ Vergeude ich zuviel kostbare Zeit, bevor ich mit der Telefonakquisition beginne? (Scheinvorbereitungen)
- ✓ Telefoniere ich munter drauflos, oder lasse ich mich durch innere Vorwände wie zum Beispiel „Montags geht eh nichts" von meinem Vorhaben abbringen?
- ✓ Mache ich mir zu viele Gedanken über mögliche Einwände des Kunden und erhöhe dadurch meine Hemmschwelle künstlich?
- ✓ Habe ich einen ersten Satz, der passt?
- ✓ Erzähle ich den Kunden zu viel über mein Produkt und zu wenig über den möglichen Nutzen?
- ✓ Fasse ich mich kurz?
- ✓ Lasse ich meine Telefongespräche ab und zu von Kollegen überprüfen?
- ✓ Beschäftige ich mich auch mit den Gesprächspartnern, die auf den ersten Blick nichts mit der Entscheidung zu tun haben?
- ✓ Habe ich mich heute schon blamiert?
- ✓ Welche Maßnahmen kann ich bei Kunden ergreifen, die mir beharrlich einen Termin verweigern?

3. „Brieffreundschaften" – Konkrete Angebote statt Prospektversand

„Machen Sie mir mal ein Angebot" oder „Schicken Sie mir mal einen Prospekt zu" sind oft die traurigen Ergebnisse der Telefonakquisition. Manche Verkäufer geraten geradezu in Jubilierstimmung, weil sie jemanden gefunden haben, der sich für ihr Produkt interessiert, und machen sich augenblicklich an die Arbeit. In der Regel können Sie allerdings darauf verzichten, solche Brieffreundschaften zu eröffnen. Entweder hat der Verkäufer den Kunden mit mehr oder weniger geschickter Fragetechnik malträtiert oder ihn so lange mit Produktmerkmalen überrollt, dass dieser sich genötigt sieht, das Gespräch auf diese Weise zu beenden. Man ist ja nicht unhöflich! Hier sollte der Verkäufer sich lieber eingestehen, dass es ihm nicht gelungen ist, wirkliches Interesse zu wecken.

Ebenso gibt es Kunden, die schlecht Nein sagen können und den Verkäufer nicht vor den Kopf stoßen wollen. Also lassen sie sich etwas zuschicken und wecken hierdurch falsche Hoffnungen. Das Ergebnis für den Verkäufer ist allerdings dasselbe.

Bei diesen Kunden erreichen Sie in der Regel auch mit Nachtelefonieren nichts. Entweder werden Sie weiter vertröstet, oder man sagt Ihnen, nachdem Sie nun zum zigsten Mal angerufen haben, dass man sich anders entschieden oder sich gerade neu eingedeckt hätte. Letzteres bedeutet übrigens, dass Ihr schönes Angebot nicht einmal berücksichtigt wurde.

Wenn Ihnen der Kunde nicht genau sagen kann, was ihn den nun speziell interessiert, ist jede weitere Investition von Zeit und Geld vergebene Liebesmüh. Sobald Ihnen Ihr Gesprächspartner allerdings genauere Angaben über seine Vorstellungen machen kann, können Sie davon ausgehen, dass er sich schon mit Ihrem Produkt oder Ihrer Dienstleistung beschäftigt hat und über den Nutzen aufgeklärt ist. In diesem Fall brauchen Sie auch kein aufwändiges Angebot zu schreiben, sondern Sie fragen den Kunden, ob ein Prospekt mit dem handschriftlich eingetragenen Preis oder ein kurzes handgeschriebenes Angebot ausreichend ist. Hier gilt die Regel:

> *Je wichtiger der Inhalt, desto unwichtiger die Form.*

Sie brauchen auch gar nicht erst auf einen Termin zu drängen, da diese Kunden Ihre Entscheidung dann meist allein treffen. Der Kunde ist in seinem Beschaffungsprozess am Ende angelangt, und Sie sind zu spät. Diese Kunden lässt man am besten in Ruhe selber entscheiden. Es sei denn, es handelt sich um ein Projekt mit einem großen Volumen, in das auf Kundenseite mehrere Gesprächspartner eingebunden sind. Dann gibt es wiederum zwei Möglichkeiten:

- Sie tun nichts, weil Sie das Projekt eh nicht gewinnen (Sie sind zu spät eingestiegen).
- Sie bekommen einen Termin mit den Kaufbeeinflussern auf Kundenseite und fangen Ihren Verkauf in der Bedarfsanalyse an.

Die Entscheidung, ob Sie großen Aufwand betreiben möchten liegt bei Ihnen. Handelt es sich um ein wirklich kleines Projekt, fragen Sie nach der ungefähren Preisvorstellung und wann Sie sich wieder melden sollen. Das war's. Sagen Sie dem Kunden, dass er das Angebot innerhalb von drei Tagen bekommt, und sorgen Sie dafür, dass er es schon nach zwei Tagen erhält. So haben Sie ihn angenehm überrascht und einen positiven Eindruck hinterlassen. Hier lohnt sich erfahrungsgemäß kein großer Aufwand – weder für den Kunden noch für Sie. Nehmen Sie solche Interessenten auch gar nicht erst in Ihre Chancenliste auf.

Erst wenn Sie später nachtelefonieren und der Kunde sich mit Ihnen beispielsweise über den Preis unterhalten möchte, vereinbaren Sie einen Termin. Am Telefon wird grundsätzlich nicht gefeilscht. Es sei denn, Sie verkaufen Produkte, die ausschließlich telefonisch verkauft werden.

Stehen Sie zu Ihrem Wort

Auch hier gibt es Spezialisten, die dem Kunden am Telefon einen Preis zugestehen, obwohl sie wissen, dass dieser nicht realisierbar ist. Mit irgendwelchen Zusatzleistungen, die den Kunden nicht interessieren, wollen sie die Sache vor Ort erneut verhandeln: „Wissen Sie, ich bin bei unserem Telefonat mit dem Finger in die falsche Spalte der Preisliste geraten. Es werden dann doch 800 Euro mehr. Dafür gebe ich Ihnen ... dazu." Mein Rat: Nehmen Sie sich ein Luftkissen, das Sie vor die Tür des Kunden legen, mit. Sie sollten sich nämlich nicht allzu sehr verletzen, wenn Sie achtkantig rausfliegen. Das bedeutet, dass dieser Verkäufer bewusst seine Kompetenzen überschritten oder gelogen hat und für den Kunden als Verhandlungspartner gestorben ist. Für den Kunden war der Kauf „wie telefonisch besprochen" abgehakt.

> *Für den Preis gilt wie früher auf dem Pferdemarkt: Ist der Handschlag gemacht, gibt es kein Nachverkaufen mehr.*

Was hier im „Kleinen" gilt, trifft im Übrigen für Verhandlungen über Großaufträge erst recht zu. Da wird in manchen Industriezweigen fünf bis sechs Stunden lang verhandelt, und dann stellt sich heraus, dass der Verkäufer noch nicht einmal ein Verhandlungsprotokoll, das später eventuell Vertragsbestandteil wird, unterschreiben darf. Dass sich dieser Anbieter dort nie wieder blicken lassen sollte, braucht wohl nicht noch betont zu werden. Davon abgesehen, spricht sich so etwas, besonders unter den Industrieunternehmen, herum. Da wissen andere Unternehmen schon Bescheid, wenn der betreffende Verkäufer gerade mal vom Parkplatz gefahren ist.

Ich arbeitete als Vertriebsleiter bei einem großen Büromaschinenhändler, hatte jedoch darauf bestanden, mein eigenes kleines Verkaufsgebiet zu haben. Während meiner nachmittäglichen Telefonakquisition sprach ich unter anderem auch mit dem Inhaber einer Immobiliengesellschaft. Er fragte mich, ob ich ihm einen Prospekt über ein Gerät mit diesen und jenen Eigenschaften schicken könne. Seine Angaben waren sehr genau, sodass ich davon ausging, dass er sich schon informiert hatte und sich auch in der Entscheidungsphase befand.

Ich schickte ihm also den Prospekt mit dem handschriftlich eingetragenen Preis und natürlich meine Visitenkarte. Nach ein paar Tagen rief ich den Kunden, wie vereinbart, zurück:

Kunde: „Ah, Herr Sickel. Ich habe nur eine Frage zu Ihrem Angebot."

Ich: „Ja, gerne."

Kunde: „Können Sie mir für dieses Gerät einen Preis von unter 10 000 Euro machen?"

Ich: „Würden Sie es dann kaufen?"

Kunde: „Ja."

Ich: „Haben Sie jetzt Zeit?"

Kunde: „Ich bin bis 18 Uhr in meinem Büro."

Ich: „Gut. Ich bin um 17 Uhr bei Ihnen."

Der Kunde hatte sich vorinformiert und wollte seine Entscheidung in Ruhe selbst treffen. Jeder weitere Beratungsversuch wäre nicht nur sinnlos gewesen, sondern hätte den Kunden verärgert. Der Mann hatte sich einfach in den Kopf gesetzt, dieses Gerät unter 10 000 Euro zu kaufen, wo wir dann auch hauchdünn landeten. Dieser Preis entsprach einem Nachlass von vier Prozent, den ich für zwei Telefonate, einen Briefumschlag inklusive Porto und einen kleinen Umweg auf der Fahrt nach Hause durchaus verkraften konnte.

Wichtig ist in diesem Zusammenhang übrigens auch, solche Chancen nach Möglichkeit sofort wahrzunehmen. Sie wissen nie, was alles noch dazwischen kommen kann.

Machen Sie keine Angebote aus der Glaskugel

Interessant sind Verhandlungen, bei denen der Kunde ein komplettes Angebot haben möchte, allerdings keine genauen Vorstellungen hat, worüber. Ein Termin zur Klärung der Bedarfssituation wird Ihnen jedoch auch nicht eingeräumt. Oftmals handelt es sich hierbei sogar noch um Interessenten, die selbst anrufen, weil sie eine Bedarfssituation zwar erkannt haben, diese aber gar nicht genau definieren können.

Bei solchen Gesprächen habe ich nie versucht, den Kunden mit langwierigen verbalen Notoperationen auf einen Termin zu drängen oder ihm doch noch ein Angebotsprofil zu entlocken. Meine Zeit – Ihre übrigens auch – ist nämlich zu kostbar, um sie mit Leuten zu verplempern, die mir nichts über ihre Vorstellungen sagen können oder wollen, sich andererseits aber auch nicht persönlich beraten lassen wollen. Ich habe es dann immer sehr kurz gemacht und nur die einfache, aber situationsklärende Frage gestellt:

Ich: „Was muss denn in dem Angebot stehen, damit Sie bei mir bestellen?"

Kunde: „Das müssen Sie doch wissen."

Ich: „Kann ich davon ausgehen, dass Sie unser Unternehmen kontaktiert haben, weil Sie es für seriös halten?"

Kunde: „Ja, natürlich."

Ich: „Sehen Sie. Unser guter Ruf ist unter anderem dadurch begründet, dass Sie als Kunde eine bedarfsgerechte Lösung erhalten. Sind Sie nicht auch grundsätzlich der

> Meinung, dass ein kurzes Gespräch weniger Zeit in Anspruch nimmt als eine Lösung, die Ihnen nicht den gewünschten Nutzen bringt?"
>
> *Kunde:* „Selbstverständlich."
>
> *Ich:* „Wann haben Sie denn diese oder nächste Woche Zeit für dieses kurze Gespräch?"
>
> Wenn der Kunde dann, obwohl ich ihm eine goldene Brücke gebaut hatte, immer noch nicht ordentlich beraten werden wollte, habe ich den Kontakt abgebrochen.

Diese Haltung ist bei mir auch erst nach und nach entstanden. Das hat nichts damit zu tun, dass ich es nicht nötig gehabt hätte, Umsatz zu machen. Die Frage, die sich mir irgendwann gestellt hat, war ganz einfach: Was mache ich eigentlich beruflich? Ich hatte mir damals die Berufsbezeichnung „bezahlter Problemlöser" gegeben. Das funktioniert jedoch nur, wenn alle Fakten und Umstände bekannt sind. Welcher Zahnarzt würde wohl jemanden behandeln, der seinen Mund nicht aufmacht? Oder würden Sie den Behandlungsplan Ihres Arztes akzeptieren, wenn er auf einer telefonischen Ferndiagnose beruhte?

Für mich sind Kunden keine Könige, sondern Partner. Wer meine Einstellung nicht teilt und sich nicht partnerschaftlich verhalten möchte, ist nicht *mein* Kunde. Denn wenn sich jemand unbedingt in sein Unglück stürzen will, muss ich ihm ja nicht noch dabei behilflich sein. Mit dieser Einstellung habe ich bei solchen Kunden dann mehr Termine bekommen, als ich jemals vermutet hätte.

Sie sollten hier nicht nachgeben und dem Kunden erklären, dass es nicht seriös sein kann, ein Angebot einfach so ins Blaue zu verschicken. Der Kunde wird Ihre Seriosität häufig honorieren und Ihnen einen Termin einräumen. Man muss auch einmal Nein sagen können!

Verkäufer hingegen, die sich auf solche Abenteuer einlassen, sollten einmal einen Schnellkurs in Betriebswirtschaft belegen. Dann wüssten sie nämlich, was eine Falschberatung ihren Arbeitgeber im Zweifelsfall kostet.

> *Geschäfte, deren Basis eine vage Kenntnis der Bedarfssituation ist, sind lohnender, wenn man sie unterlässt.*

Natürlich gibt es auch Verhandlungen, bei denen Sie gar nicht umhinkommen, ein offizielles Angebot abzugeben. Spannend wird es dann, wenn das Angebot ein bis zwei Wochen beim Kunden „ruht" und Sie endlich den ersehnten Abschlusstermin erhalten, voller Optimismus zum Kunden stürzen und dann eröffnet bekommen, das es da noch ein zweites Angebot gibt, von dem vorher überhaupt nicht die Rede war. Mancher Verkäufer bekommt jetzt erst einmal weiche Knie und sieht sich schon in der fatalen Lage, einen Preisnachlass gewähren oder sonstige Zusatzleistungen erbringen zu müssen, sofern er dazu überhaupt ermächtigt ist. Gemach, Gemach!

Warum erklären Sie dem Kunden nicht einfach, dass Sie es sehr verantwortungsbewusst finden, wenn er sich informiert. Denn dazu ist der Markt ja schließlich da. Sie selbst sind ja auch Kunde und schauen sich erst einmal um, bevor Sie sich entscheiden. Außerdem wäre es durchaus hilfreich, wenn Sie das Gegenangebot einmal sehen könnten, denn dann kämen die Vorteile Ihres Angebotes ja noch deutlicher zum Ausdruck. Sollte der Kunde jetzt ein wenig blass um die Nase werden, dann war es eine Finte, um bessere Konditionen herauszuschinden. Zu mir sagte jemand einmal nach solch einer geplatzten Aktion: „Na ja, Herr Sickel, aber probieren konnte ich es doch einmal, oder?"

Wenn der Kunde doch noch einen anderen Anbieter hinzugezogen haben sollte, vergleichen Sie die Produkte und die Preise, wägen alle Vor- und Nachteile gemeinsam mit dem Kunden ab, und Sie werden sehen, was passiert. Oder ist Ihnen erst seit heute bekannt, dass Sie nicht allein auf dem Markt sind?

Denken Sie daran: Es wird schon einen Grund geben, warum der Kunde sich noch nicht für das andere Angebot entschieden hat. Finden Sie ihn heraus, und Sie sind im Geschäft!

Betrachten Sie Ihre Mitbewerber als „heilige Kuh"

Wenn der Kunde das gegnerische Angebot zeigt, bleiben Sie bitte fair! Ein Beispiel soll zeigen, was ich in meinem ersten Verkäuferlehrjahr einmal gemacht habe, was heute leider immer noch viel zu oft praktiziert wird und was Sie tunlichst unterlassen sollten:

> Wir hatten in den 80er Jahren starke Konkurrenz durch japanische Hersteller bekommen. Das machte die Sache für mich als Neuling nicht gerade einfacher, hatte aber den Vorteil, dass ich von Anfang an lernte, wie ich meine Preise durchsetze und nicht über das Produkt, sondern durch Nutzen beim Kunden glänzte.
>
> Sie sehen, was heute gepredigt wird, ist im Grunde genommen ein alter Hut. Deshalb wundert es mich auch, dass das Verkaufen angeblich immer schwerer wird. Wir mussten uns damals gegen weitaus preiswertere und anfangs auch bessere Geräte durchsetzen. Da half es auch nicht viel, beim Marktführer beschäftigt zu sein. Denn mittlerweile wurden wir bei manchen Kunden nur mit: „Aha, die Herren von der Wild-West-Company sind da" begrüßt.
>
> Seinerzeit kam ein Kollege ziemlich geknickt von einem Abschlusstermin in die Geschäftsstelle zurück. Er hatte gegen die „Japaner" verloren. Mein damaliger Verkaufsleiter entwickelte daraufhin kurzerhand eine Strategie, was wir zukünftig tun sollten, wenn unsere Produkte gegen japanische stünden: nämlich die Konkurrenz schlechtmachen. Er schilderte sehr anschaulich und gekonnt, dass die Japaner ja eigentlich überhaupt nichts erfänden, sondern alles nur kopierten. Daraus könnte man wohl schließen, dass selbst die Kopierer nur Kopien wären. Ich möchten Ihnen an dieser Stelle die weiteren Ausführungen ersparen.

So viel zu der Argumentation meines damaligen Chefs gegen Konkurrenzprodukte. Natürlich hatte er vergessen zu erwähnen, dass auch in unseren amerikanischen Geräten teilweise japanische Technik verwendet wurde.

An diesem Nachmittag hatte ich das, heute kann ich sagen, Glück, bei einer Spedition anzurufen. Nachdem ich mein Anliegen vorgebracht hatte, sagte der Inhaber zur mir: „Na, junger Mann, dann kommen Sie mal schnell zu uns. Ich will mir nämlich heute noch so ein Ding kaufen." Voller Freude und den Koffer mit neuen Argumenten gefüllt fuhr ich nun, wie ich dachte, einem Auftrag entgegen. Ich schilderte dem Spediteur den Untergang der europäischen Wirtschaft durch die japanische Konkurrenz und erklärte ihm, dass die Japaner mit Sicherheit schon geheime Pläne hätten, ins Speditionsgeschäft einzusteigen. Also, kurz gesagt, wir müssten zusammenhalten, und er möge bitte unten rechts unterschreiben, was er jedoch zu meiner Verwunderung nicht tat. Er erklärte mir hingegen sichtlich abgekühlt, dass er sich bei mir melden würde.

Ein Kollege, der mit dem Sohn des Spediteurs bekannt war, erzählte mir einige Zeit später, dass dessen Vater das Gerät schon gerne bei mir bestellt hätte, allerdings von meiner Argumentation gegen das andere Angebot nicht so sehr überzeugt, sondern eher befremdet war. Mein Glück war es übrigens, dass ich frühzeitig auf meinen Fehler aufmerksam gemacht wurde und nicht erst nach ein paar Jahren, nachdem schon viele Verhandlungen erfolglos gewesen wären.

Obwohl es allen hinlänglich bekannt sein sollte, sei es hier noch einmal gesagt: Wenn Sie negativ über Ihren Mitbewerber reden, schaden Sie nicht ihm, sondern sich.. Der Kunde nämlich wird den Wettbewerb verteidigen und verkauft sich so dessen Vorteile selbst. Außerdem müssen Sie dem Kunden, indem Sie häufig den Namen des Konkurrenten nennen, ja nicht noch einreden, dass er dort kaufen soll. Betrachten Sie Ihren Mitbewerber als „heilige Kuh", die – für Sie zumindest – unantastbar ist.

Ich hatte damals gelernt, dass es nicht sehr einträglich ist, einfach so etwas zu übernehmen oder irgendetwas nachzuplappern. Diese Beweisführung passte auch gar nicht zu meiner Einstellung, die da lautet: Leben und leben lassen.

Das teile ich übrigens auch gerne jenen Kunden mit, die meinen, sie müssten einen Verkäufer als nötiges Übel betrachten, das ohne großen Aufwand und am liebsten aus der Ferne ihren Bedarf deckt, ihn also nicht als gleichwertigen Partner betrachten. Diese Menschen werden niemals eine auf ihren Bedarf zugeschnittene und somit funktionierende Lösung erhalten. Im Gegenteil, sie schaden sich selbst, weil sie sich zu leichter Beute von Verkäufern machen, die es mit der Seriosität nicht ganz so ernst nehmen.

Selbstverständlich sollen Sie selber entscheiden, ob Sie einem solchen Kunden, ohne dass Sie seine genauen Vorstellungen, Bedürfnisse und sein Unternehmen kennen, ein Angebot unterbreiten wollen. Für mich gilt jedenfalls: Jemand, der mir nicht die Gelegenheit zu einer Bedarfsanalyse gibt, obwohl er sich offensichtlich in einer Bedarfssituation befindet, spielt nicht mit offenen Karten. Meine Kundendatenbank braucht solche Leute nicht, weil sie mir die Möglichkeit verweigern, meinen Beruf seriös auszuüben.

4. Von Äpfeln, Birnen und anderen Missverständnissen – So finden Sie eine passende Lösung

„Warum hat dieser Kunde nicht bei uns gekauft?" ist die hilflose Frage, die sich Verkäufer oft stellen, wenn sie aus ihrer Sicht alles getan haben, damit der Kunde sich für ihr Produkt entscheidet. Dabei sah doch alles so gut aus! Der Kunde hat nun aber einmal seine Sichtweise, und die sollte der Verkäufer kennen, da es sonst zu Missverständnissen kommt, die – wenn überhaupt – sich erst aufklären, wenn es zu spät ist. Nehmen wir ein Beispiel:

> Ein Ehepaar betritt ein Sanitärgeschäft und interessiert sich für eine neue Badezimmerausstattung aus Marmor. Der Verkäufer reibt sich schon die Hände, da er Morgenluft im Wert von etwa 10 000 Euro wittert. Nachdem er mit den Eheleuten etwa eine Stunde ausgesucht, geplant und die Teile zusammengestellt hat, errechnet er einen Kaufpreis von 12 500 Euro. Die Kunden bedanken sich und geben dem Verkäufer zu verstehen, dass sie hierüber noch ein paar Nächte schlafen wollen.
>
> Nach drei Tagen wird der Verkäufer angerufen. Die Kunden teilten ihm mit, dass sie die Ausstattung woanders für 4 600 Euro gekauft haben. „Was? Das ist unmöglich! Ein solches Bad aus Marmor bekommen Sie nirgendwo zu diesem Preis!", gibt er den Kunden deutlich zu verstehen. „Doch, doch. Es sieht sogar genauso aus wie das, das Sie uns angeboten haben", erwidert der Kunde. „Entschuldigen Sie bitte, aber das kann nicht sein. Ist diese Badausstattung denn auch aus echtem Marmor gefertigt?" „Aus echtem Marmor? Nein, das glaube ich nicht. Dazu ist sie wohl zu preiswert. Aber ist das denn wichtig?", fragt der Kunde verdutzt.

Aus diesem Beispiel, von denen es übrigens Hunderte gibt, wird wohl hoffentlich jeder halbwegs intelligente Mensch schließen, dass der Kunde Äpfel mit Birnen verglichen hat. Richtig? Andererseits hätte der Verkäufer ja auch den wirklichen Bedarf ermitteln können. Mit ein paar Fragen vielleicht ...? Dann hätte er dem Kunden nämlich direkt den Apfel angeboten, und von Birnen wäre gar nicht erst die Rede gewesen.

Normalerweise muss ein Verkäufer, der seine Produkte kennt, wissen, dass es in bestimmten Bereichen zu Verwechslungen bzw. Missverständnissen kommen kann und welche Anwendungsmöglichkeiten seines Produkts dem Kunden nicht immer ganz verständlich sind. Wenn es um spezifische Eigenschaften geht, die sich zwar ähnln, deren Verwechslung jedoch zu einem ungeeigneten Produkt oder einer unbefriedigenden Lösung führt, ist der Berater gefordert.

Da der Kunde sich zu Recht auf den Verkäufer, also den Fachmann, verlässt, muss dieser sich durch Fragen vergewissern, ob man wirklich von derselben Sache redet:

- Ist hellrot gleich hellrot oder meint der Kunde orange?
- Ist Marmor gleich Marmor oder meint der Kunde ein Imitat?
- Ist Holz gleich Massivholz oder meint der Kunde Furnier?
- Ist Leder für den Kunden Leder oder meint er Alcantara?
- Ist ein DIN A3-Kopierer für den Kunden ein Gerät, das DIN A3 verkleinern kann oder größengleich kopiert oder beides?

Kunde und Verkäufer singen gemeinsam ein Lied mit derselben Melodie. Den Text müssen sie noch ein wenig abstimmen, da ihn jeder anders interpretiert.

Natürlich gibt es Farbkarten, technische Beschreibungen, Muster etc. Leider ist es häufig so, dass viele Verkäufer glauben zu wissen, was der Kunde meint. Das ist ein weit verbreitetes Kommunikations- und ein Gewohnheitsproblem. „Ich weiß schon, was Sie meinen ..." sollten diese Verkäufer vielleicht einmal durch „Was meinen Sie denn genau?" ersetzen.

Tragen Sie die Entscheidung mit

In diesem Moment zeigt sich, ob der Verkäufer mit den Wölfen heult oder mit den Hunden Gassi geht. Wenn er aus Interesse an einer bedarfsgerechten Lösung nachfragt, ob man sich richtig versteht, übernimmt er nämlich eine Mitverantwortung für die spätere Entscheidung. Das Bestreben des Verkäufers muss immer sein, den Kunden bei seiner Entscheidung nicht allein zu lassen. Eine Kaufentscheidung wird im Idealfall vom Kunden und seinem Berater gemeinsam erarbeitet und getroffen. Nur so zeigt der Verkäufer seine Bereitschaft, das Ergebnis der Verhandlung mitzutragen und für den Kunden Verantwortung zu übernehmen. Er wird sich danach auch nicht mehr herausreden können:

- „Der Kunde hat mir das so nicht gesagt."
- „Das habe ich nicht gewusst."
- „Der Kunde wollte das doch so haben."
- „Der Kunde hat doch ... gewünscht." usw.

Selbst wenn der Verkäufer durch sein Nachfragen für begriffsstutzig gehalten wird, so geht es hier nicht um die Befindlichkeit des Verkäufers oder darum, dass der Kunde dessen Kompetenz anzweifeln könnte, sondern um die Sache an sich. Wenn sich zu Beginn eines Verkaufsgesprächs ein solches Missverständnis einschleicht, kann der Verkäufer Glück oder Pech haben:

- Glück, wenn der Kunde sich noch ein anderes Angebot einholt und dieses dann wahrnimmt. In diesem Fall wird der Verkäufer den verlorenen Umsatz verschmerzen und sich neuen Kunden zuwenden.
- Pech, wenn der Kunde bei ihm kauft. Irgendwann wird dieser nämlich durch Zufall, Bekannte, Geschäftsfreunde usw. feststellen, dass ein Produkt, das es um die Hälfte billiger zu kaufen gibt (meist in demselben Geschäft eine Etage tiefer), seinen Bedarf genauso gedeckt hätte. Als Laie kann er nämlich

die Produkte hinsichtlich Ausstattung und Material nicht unterscheiden.

Richtig teuer kann es allerdings werden, wenn man sich zum Beispiel „nur" bei der Wahl des Farbtons falsch verstanden hat. Nach solchen „Betriebsunfällen" wurden schon Heizkörper, Fensterbänke, Waschbecken, Badewannen oder Wohnzimmerkamine ausgetauscht, mit hohem Aufwand nachgebessert oder nachträglich deutlich im Preis gesenkt.

Diese Konsequenzen waren schon für einige Firmen ruinös. Der Kunde wird nämlich, weil er sich übervorteilt bzw. falsch beraten fühlt, keine Gelegenheit auslassen, zu reklamieren. Er wird auch nicht müde werden, den Verkäufer als Dilettanten und das ganze Unternehmen bei Freunden, Kollegen, Bekannten usw. als „Saftladen" anzuprangern. Das alles nur, weil der Verkäufer es versäumt hat, eine entscheidende Frage zu stellen oder dem Kunden ein Muster zu zeigen, um eine spezifische Eigenschaft zu klären. Demnach müsste es wohl eher heißen: Der Verkäufer hat Birnen mit Äpfeln verwechselt. Merken Sie sich deshalb bitte:

> *Wenn Sie nicht den genauen Bedarf des Kunden eruieren, werden Sie höchstens zufällig ein geeignetes Produkt oder eine geeignete Lösung anbieten können. Deshalb ist eine exakte Bedarfsermittlung eine Grundvoraussetzung für den erfolgreichen Verkauf und die langfristige Kundenbindung.*

Überdurchschnittliche Verkäufer verstehen es, aus dem Bedarf, also dem Bedürfnis oder Ziel des Kunden, ein Verlangen nach dem Produkt oder der Lösung zu machen. Hierzu muss der genaue Bedarf jedoch bekannt sein.

Angesprochen ist nicht gleich ausgesprochen

Jede Äußerung des Kunden, die einen Wunsch, ein Bedürfnis oder ein Problem benennt, das durch unser Produkt oder unsere Dienstleistung erfüllt, befriedigt oder gelöst werden kann, nennen wir Bedarf. Das bedeutet für uns, dass wir zunächst einmal Aussagen des Kunden in Bezug auf dessen Bedürfnisse erhalten müssen.

Im Verlauf eines Verkaufsgespräches werden von Kunden Aussagen gemacht, die in ihrer Wertigkeit unterschiedlich zu betrachten sind. So kann ein Wunsch deutlicher zum Ausdruck kommen als ein anderer. Deshalb unterscheidet man auch zwischen an-gesprochenem und aus-gesprochenem Bedarf.

> Aus der Aussage einer Kundin in einem Damenoberbekleidungsgeschäft „Ich friere leicht", ist es durchaus richtig, den Schluss zu ziehen, dass sie daran interessiert ist, diesen Zustand abzustellen. Wodurch oder wie, bleibt zunächst noch offen. Deshalb ist ein Bedarf hier nur angesprochen worden. Eine Klärung lässt sich nur durch geeignete Fragen herbeiführen. Sollte sich die Kundin jedoch folgendermaßen äußern: „Ich brauche einen sehr dicken Pullover, da ich leicht friere", so ist der Bedarf klar, kann als ausgesprochen betrachtet und durch ein entsprechendes Produkt gedeckt werden.

In diesem Beispiel ist der Unterschied sehr deutlich. Wenn es in der Verkaufspraxis immer so wäre, kämen kaum so viele Missverständnisse zustande. Wie Sie jedoch aus eigener Erfahrung wissen, ist es nicht immer so leicht zu unterscheiden, ob der Bedarf nun an- oder ausgesprochen wurde.

Stellen Sie sich bitte einmal vor, Sie würden Fenster verkaufen und müssten entscheiden, welche der folgenden Aussagen des Kunden einen ausgesprochenen Bedarf beinhaltet:

- „Meine Fenster sind dermaßen undicht, dass die Heizkosten um 20 Prozent gestiegen sind."
- „Meine Fenster lassen sich viel zu schwer öffnen."
- „Eigentlich hätte ich ja gerne neue Fenster, aber ich weiß nicht, ob ich sie mir leisten kann."

Bei den ersten beiden Aussagen bringt der Kunde lediglich zum Ausdruck, dass er mit seiner gegenwärtigen Situation unzufrieden ist. Im letzten Beispiel ist der Bedarf klar zum Ausdruck gekommen. Die Einschränkung „... ich weiß nicht, ob ..." hat mit dem Bedarf an sich nichts zu tun. Außerdem werden Sie hierfür wohl eine passende Finanzierung bereithalten.

Durch ihr gutes Fachwissen neigen Verkäufer dazu, einen angesprochenen Bedarf voreilig als ausgesprochen zu bewerten. Lassen sich Fenster schwer öffnen, müssen sie ersetzt werden. Ein Ölkännchen kommt überhaupt gar nicht erst in Frage. Da der Kunde in diesem Fall aber noch weit davon entfernt ist, neue Fenster zu kaufen, muss er „gedrückt" werden. Ergebnis: Der Kunde wird einen Vorwand nach dem anderen vorbringen, um sich dem Verkäufer zu entziehen.

Man kann es nicht oft genug wiederholen: Sollte es hier Unklarheiten geben, fragen Sie nach! Es wird deswegen kein Zacken aus des Fachmanns Krone brechen.

Vermeiden Sie Debatten

Dass die Bedarfsermittlung auch ein Höchstmaß an Einfühlungsvermögen erfordert, erkennen Sie daran, dass es – wie sollte es anders sein – auch Ausnahmen gibt. Es mag Kunden geben, die sich aus Ihrer Sicht in ein Unglück stürzen, aus ihrer eigenen jedoch nicht. Manche Käufer ermitteln ihren Bedarf selbst und präsentieren dem Verkäufer auch schon das geeignete Produkt. Ein Beispiel:

Ein junger Mann betritt ein Computerfachgeschäft und wendet sich an einen Verkäufer.

Kunde: „Ich hätte gerne eine Festplatte Eastern Digital 3,1 MB. Haben Sie die auf Lager?"

Verkäufer: „Gewiss, aber warum nehmen Sie nicht die Star Gate 100, die ist doch viel schneller?"

Kunde: „Meine Messungen haben ergeben, dass die ED 3,1 die flottere ist."

Verkäufer: „Wie? Ihre Messungen?"

Kunde: „Na, meine Messungen eben. Ich habe ein eigenes Mess-System, mit dem ich das feststellen kann."

Verkäufer: „Das kann gar nicht sein. Ich kenne niemanden, außer den Herstellern und vielleicht Fachzeitschriften, der über ein solches System verfügt."

Kunde: „Ihre geistige Beschränktheit in Ehren. Haben Sie die Festplatte nun oder nicht?"

Sollte ein Kunde Ihnen gezielt ein Produkt seiner Wahl nennen, dann spricht überhaupt nichts dagegen, ihn damit glücklich werden zu lassen – auch wenn er aus Ihrer Sicht das falsche Erzeugnis auserkoren hat. Wenn der Kunde aus seiner Sicht damit zufrieden wird, erfüllt es doch seinen Zweck. Es besteht keinerlei Notwendigkeit, ihm und sich selbst den Tag zu verderben, indem Sie ihn in ein Fachgespräch zerren, das der Kunde als Besserwisserei interpretiert und das meistens in einem Streitgespräch endet. Beglückwünschen Sie den Kunden zu seiner fachmännischen Wahl: „Exzellentes Produkt. Genau die hätte ich auch genommen!" und lassen Sie ihn seiner Wege ziehen. Sie entgehen somit auch der unangenehmen Frage: „Wenn die Festplatte so langsam ist, warum führen Sie sie dann überhaupt?" Sollten Sie das gewünschte Produkt nicht vorrätig oder nicht im Programm haben, fragen Sie den Kunden, was ihn zu seiner Wahl bewogen hat. Sollte seine

Meinung unumstößlich sein, bieten Sie ihm an, das Produkt für ihn zu bestellen.

Schaffen Sie Vertrauen durch Kompetenz

Sollte es jedoch absehbar sein, dass der Kunde mit seiner Wahl oder seinem Vorschlag Schiffbruch erleidet, ist die verkäuferische Kompetenz, zu der auch das Verantwortungsbewusstsein gehört, unbedingt erforderlich.

> Der Anzeigenverkäufer einer Tageszeitung besucht eine Kundin, die Werbung machen möchte. Sie hat sich auch schon überlegt, wie diese aussehen soll, und ihre Ideen zu Papier gebracht. Ziel dieser Aktion ist es, ein neues Diätprogramm vorzustellen und hierfür Kunden zu gewinnen. Ihr Entwurf ist zwar nicht direkt misslungen, hat jedoch einige gravierende Mängel:
> - Er vermittelt nicht das Gefühl, dass das Abnehmen hier leichter ist als anderswo. Es sind zu viele Informationen enthalten, sodass schon das Lesen der Anzeige eine Belastung darstellt.
> - Der Text ist Wir-bezogen: „Wir haben ...", „Wir können ...", „Wir sind ...", „Wir bieten ...". Der Leser wird gar nicht erst angesprochen.
> - Was allerdings sofort ins Auge sticht, ist der Name der Diät. Dieser erinnert nämlich an ein anderes Produkt aus diesem Marktsegment, vor dem der Verbraucher mehrfach gewarnt wurde, weil es nichts taugt und viel zu viel kostet.
>
> Der Anzeigenberater nimmt den Entwurf kommentarlos entgegen, schreibt einen Auftrag über immerhin 5 000 Euro und fährt selig und zufrieden in sein wohlverdientes Wochenende. Herzlichen Glückwunsch zu diesem hervorragenden Beratungsgespräch, Herr Kollege!
>
> Die Resonanz auf diese Anzeige ist, wen sollte es wundern, null. Für die Kundin ist es nicht möglich zu erkennen, woran es gelegen haben könnte. Vielleicht war es ein ungünstiger Zeitpunkt?

Wer weiß? Eines wird sie jedoch ganz genau wissen bzw. schlussfolgern, nämlich dass Zeitungswerbung nichts bringt, und das wird sie dann auch ihren Geschäftsfreunden vermitteln.

Dabei wäre es doch so einfach gewesen, sich mit der Kundin zu verständigen, ohne ihre schöpferischen Qualitäten anzuzweifeln: „Es ist wirklich selten, dass unsere Kunden eigene Ideen für ihre Anzeigen entwickeln. Ich finde es toll, dass Sie an einer gemeinsam gestalteten Werbung interessiert sind. Ich würde Ihren Vorschlag gerne mitnehmen, um ihn noch einmal mit meinen Kollegen zu besprechen. Die haben auch immer gute Ideen. Ich faxe Ihnen dann das Ergebnis. Wie denken Sie darüber?"

Wenn der Verkäufer seinen Beruf ernst nimmt, dann ergreift er hier die Initiative, um den gewünschten Erfolg der Anzeige auf jeden Fall wahrscheinlicher zu machen. Gerade bei Branchen, in denen die Ursachen des Erfolgs oder Misserfolgs nicht eindeutig erfassbar sind, ist der Kunde wesentlich stärker auf die Kompetenz des Verkäufers angewiesen. Natürlich ist es einfacher, dem Kunden die Verantwortung zu überlassen. Dann war es eben der falsche Zeitpunkt für die Aktion ... Meine Meinung hierzu: Verkäufer, die so denken, braucht niemand!

Stellen Sie Interessefragen

Die einfachste Möglichkeit, Missverständnisse bei der Bedarfsermittlung aus dem Weg zu gehen? Fragen und Zuhören! Hier ist es ausgesprochen wichtig, Interesse am Kunden zu zeigen. Deshalb nenne ich diese Fragen auch Interessefragen. Stellen Sie sich doch einfach vor, Sie möchten einen Menschen näher kennen lernen. Dann fragen Sie ihn doch auch das eine oder andere Loch in den Bauch. Da ist der Unterschied zu einer Bedarfsanalyse gar nicht so groß. Sie brauchen die Fragen ja nur ins Geschäftliche zu „übersetzen".

Meist beziehen sie sich auf einige der folgenden Bereiche:

Momentane und zukünftige Situation es Kunden

- Gibt es bestehende Verträge zu anderen Lieferanten, die zunächst gekündigt werden müssen, da sonst kein Geschäft zustande kommen kann?
- Welche Produkte oder Verfahren werden bisher eingesetzt?
- Wie gestaltet sich der betreffende Arbeitsablauf zurzeit?
- Was hat den Kunden dazu veranlasst, Veränderungen vornehmen zu wollen?
- Worauf legt er in Zukunft besonderen Wert?
- Welche Erwartungen verbindet er mit dem Produkt?

Betriebsmittel

- Wie viel Geld steht dem Kunden für die Umgestaltung zur Verfügung?
- Soll gekauft, finanziert oder geleast werden?

Zeit

- Welche Lieferzeiten kann der Kunde akzeptieren?

Platz

- Sind die notwendigen Räumlichkeiten und die technischen Voraussetzungen für den Produkteinsatz gegeben?

Personal

- Gibt es genügend qualifiziertes Personal, sodass das Produkt optimal ausgenutzt werden kann?

Entscheidungsbefugnis

- Wird die Entscheidung vom Verhandlungspartner allein getroffen?
- Wer muss gegebenenfalls noch hinzugezogen werden?

Das Wichtigste für Ihre Bedarfsanalyse

- Die Bedarfsanalyse darf nicht auf die leichte Schulter genommen werden.
- Wenn die Bedarfsanalyse korrekt durchgeführt wird, bildet sie das Fundament für eine langfristige und zufriedene Zusammenarbeit zwischen Kunde und Unternehmen.
- Sie können diese Phase des Verkaufsgesprächs, wie übrigens den gesamten Verkauf, durchaus mit dem Autofahren vergleichen: Einmal mehr blinken beugt Unfällen vor. Einmal mehr fragen beugt Missverständnissen vor.

5. Eskimos kaufen keine Kühlschränke – Warum Verkaufen ohne Nutzen nicht funktioniert

Viel hilft viel! Denkt sich der überwiegende Teil der Verkäufer und stellt seine Produkt-Merkmal-Kanone zunächst einmal auf Dauerfeuer, sobald sich ein Kunde nähert. Aus diesem Grund nennt man diese Menschen wohl auch Verkaufs-Kanonen. Verwundert oder gar beleidigt sind sie dann jedoch, wenn der Interessent, trotz „eindeutiger Beweise", die den Wert des Produktes hinlänglich dokumentieren, nicht kauft, obwohl er seine Zustimmung bei jedem aufgezählten Merkmal mit: „Is ja Wahnsinn! Das kann die Maschine auch?" bekundet hat. So entsteht im Verkäuferlager die heute schon fast allgemeingültige Meinung: „Den Kunden kann man auch gar nichts mehr recht machen. Sie werden immer anspruchsvoller!" Im Kundenlager wird man nach einem solchen Verkaufsgespräch hingegen feststellen: „Das ist wirklich toll, was die Geräte heute so können. Leider brauchen wir das meiste nicht. Jetzt wissen wir aber wenigstens, warum die Dinger so teuer sind."

Sie haben mit Sicherheit schon einmal ein Autohaus betreten, um sich über Ihren Traumwagen zu informieren. Wenn Sie Glück haben und nicht durch Missachtung gestraft, sondern bedient werden, dann können Sie sich in der Regel auf einiges gefasst machen: Der gut „dressierte" Verkäufer wird Sie so lange in seine Produkt-Merkmal-Gebetsmühle nehmen, bis Sie wirklich bedient sind. Da hilft auch kein zaghaftes „Das ist nicht so sehr interessant für mich", wenn Ihnen das dreißigste technische Detail, welches selbstredend ein Muss für jeden modernen Autofahrer darstellt, präsentiert wird. Da müssen Sie durch, wenn Sie ein Auto kaufen wollen, oder dachten Sie etwa, Sie bekämen etwas geschenkt?

Ob Sie nun eine Waschmaschine, einen Computer oder eine Stereoanlage kaufen, so oder so ähnlich wird man als Kunde veralbert, denn das Aufzählen von Produktmerkmalen hat weder etwas mit Beratung noch mit professionellem Verkauf zu tun. Da wäre es für den Interessenten wirklich angenehmer, neben jedes Produkt einen Kassettenrecorder zu stellen. Da kann er dann wenigstens die Stopptaste drücken.

Vom Merkmal zum Vorteil

Ein Merkmal gibt lediglich über die Eigenschaften eines Produkts Auskunft und wird somit vom Kunden erst einmal neutral gewertet. Einem Kunden, der mit diesen neutralen Eigenschaften überhäuft wird, ohne dass diese ihm in irgendeiner Weise hilfreich sein können, erscheint ein Produkt zunächst einmal nutzlos, zu teuer oder beides. Das trifft natürlich auch auf ein Unternehmen oder eine Dienstleistung zu. Der Kunde muss nicht von allem begeistert sein, was der Verkäufer als Vorteil anpreist. Zum Beispiel:

Verkäufer: „Sie erhalten selbstverständlich einen 24-Stunden-Reparaturservice!"

Kunde: „Ach, so häufig gehen Ihre Geräte kaputt?"

Sie sehen, Verkaufsargumente stechen nur dann, wenn sie aus der Sicht des Kunden vorgebracht werden. Wenn Sie die Sichtweise Ihres Gegenübers jedoch nicht kennen, wird er das Gefühl haben, dass Sie ihm Ihre vorgefertigte Lösung oder Meinung aufdrängen wollen. Sie öffnen Tür und Tor für Einwände, die Sie – mangels Kenntnis der Lage – gar nicht wirklich entkräften können. Schlimmstenfalls haben Sie ein tadelloses Streitgespräch vom Zaun gebrochen, dessen Ausgang unerheblich ist. Weil Sie nicht auf die Bedürfnisse des Kunden eingegangen bzw. gar nicht erst nach ihnen gefragt haben, hatte der Kunde bis zu diesem Zeitpunkt „nur" den Eindruck, dass Sie ihm etwas andrehen wollen. Wenn es jedoch zum Streitgespräch kommt, gibt es nur einen Verlierer, und das ist immer der Verkäufer, selbst wenn er die vermeintlich besseren Argumente hat.

Solange sich für den Kunden kein Vorteil aus dem Kauf ergibt, stehen die Chancen auf ein Geschäft im Allgemeinen schlecht, selbst wenn eine Bedarfssituation gegeben ist. Besser wird es nur, wenn es Ihnen gelingt, aus den Merkmalen Ihres Produkts einen Vorteil für den Kunden zu formulieren:

Merkmal: „Dieser Bürostuhl ist siebenfach verstellbar."

Vorteil: „Die siebenfache Verstellbarkeit dieses Stuhles garantiert, dass jeder Ihrer Mitarbeiter eine bequeme Sitzposition findet."

Merkmal: „Dieser Monitor arbeitet mit einer Auflösung von 1024 × 786 Punkten."

Vorteil: „Durch die hohe Auflösung des Monitors ist ein Flimmern des Bildes ausgeschlossen."

Ein Vorteil zeigt, inwiefern eine Produkteigenschaft, wenn sie zur Anwendung kommt, für den Kunden hilfreich sein kann. Die meisten Vorteile werden mit solchen und ähnlichen Formulierungen ausgedrückt:

- „Das Vorteilhafte für Sie hieran ist ..."
- „Das bedeutet für Sie ..."
- „Hierdurch können Sie ..."
- „Aufgrund ... erreichen Sie ..."
- „Durch die ... gewinnen Sie ..."

Vorteile sind keine Dauerbrenner

Wenn der Kunde jetzt kaufen sollte, weil er vielleicht sehr spontan entscheidet, haben Sie wahrscheinlich kein gutes Geschäft gemacht. Er wird im Nachhinein feststellen, dass das Produkt für ihn doch nicht so vorteilhaft ist, und sich schlecht beraten fühlen, weil eine Aufzählung von Vorteilen, die nicht in direktem Zusammenhang mit dem individuell ermittelten Bedarf stehen, den Kunden nur kurzfristig überzeugen.

Ich gehöre übrigens auch zu diesen „Spontis" und musste mir schon einiges anhören, wenn ich wieder einmal mit der neuesten technischen Errungenschaft – im besonderen Küchenmaschinen – zu Hause ankam, eine fantastische Vorführung dieses tollen Apparates hinlegte und ganz ernüchternd gefragt wurde: „Das ist ja ganz wunderbar, aber wozu brauchen wir das denn alles?" „Hm, na ja. Vielleicht? Also wenn ich es mir recht überlege, dann könnte ich damit ... Mensch, du immer mit deinen dämlichen Fragen. Das sieht man doch wohl, dass das Gerät eine wahnsinnige Arbeitserleichterung darstellt. Du hast mal wieder überhaupt keine Ahnung!"

In solchen Momenten ärgert man sich dann fürchterlich. Dabei hatte der Apparat doch so viele Vorteile. Leider lösen sich diese langsam, aber sicher in Luft auf, und man kommt zu dem Schluss, dass die Maschine, verglichen mit ihrer Leistung, ja eigentlich auch viel zu teuer ist. Obendrein handelt man sich auch noch Ärger ein, obwohl man es ja nur gut gemeint hat. Also hat man wieder ein neues Prunkstück für den Küchenmaschinenfriedhof im Keller eingekauft. Die Fachwelt nennt das dann Kaufreue.

Ihnen ist es sicherlich auch schon passiert, dass Sie in einer Verhandlung das Gefühl hatten: Jetzt kauft der Kunde. Dann aber geschieht das Unfassbare: Die Verhandlung „schmiert ab". Trotz anfänglicher Begeisterung kommt Ihr Gesprächspartner plötzlich mit Einwänden oder irgendwelchen Scheinargumenten daher, und das sicher geglaubte Geschäft platzt. Wer es bis jetzt nicht geglaubt hat, dem wird spätestens hier klar: Die Leute wissen eben nicht, was sie wollen!

Ganz so einfach ist es natürlich nicht. Im Laufe eines Gespräches wird dem Kunden nämlich immer bewusster, dass die ganzen Vorteile für ihn persönlich eigentlich gar keinen Gewinn darstellen. Dadurch werden sie für ihn wieder zu Merkmalen und verlieren ihre Überzeugungskraft. Die Chancen, ein Geschäft zu machen, sinken wieder erheblich.

Sie können den Kunden nur dauerhaft von Ihrem Angebot überzeugen, wenn Sie zwischen dem von Ihnen ermittelten, ausgesprochenen Bedarf und dem Vorteil einen Zusammenhang herstellen.

> *Ein Nutzen zeigt dem Kunden, wodurch ein Produktmerkmal oder ein Vorteil seinem ausgesprochenen Bedarf entspricht.*

Jeder Mensch kauft etwas, wenn ein Bedarf gegeben ist. Wenn es dem Verkäufer gelingt, die Vorteile seines Produkts auf diesen Bedarf auszurichten, hat er die besten Chancen, ein Geschäft zu machen. In diesem Fall bietet das Erzeugnis oder die Problemlösung dem Kunden einen oder mehrere Nutzen. Je mehr Nutzen Sie also entwickeln können, desto besser?

Vorsicht, Nutzengespenster!

Bei der Nutzenformulierung rächt sich eine ungenaue Bedarfsermittlung. Wenn Sie sich hier bei manchen Aussagen des Kunden nicht eindeutig sicher waren, ob der Bedarf an- oder ausgesprochen wurde und Sie sich durch Fragen keine Klarheit verschaffen konnten, sehen Sie den Bedarf bitte als nicht eindeutig an. Es würde einem Glücksspiel gleichkommen, wenn Sie versuchen würden, hieraus Nutzen zu entwickeln.

Das erklärt übrigens auch, warum manche Verkäufer zu viele Vorteile vorbringen, die sie fälschlicherweise für Nutzen halten. Hierdurch wird der Kunde mit der Nase geradezu auf das gestoßen, was er alles mitbezahlen muss, ohne es wirklich zu brauchen. Dadurch wird dem Einwand „zu teuer" wieder Vorschub geleistet. Deshalb ist die viel zu oberflächlich gehaltene und leider allgemein in Umlauf befindliche M-V-N (Merkmal-Vorteil-Nutzen)-Argumentation wohl eher dazu geeignet, den Kunden zu überreden.

Natürlich ist es möglich, aus jedem Merkmal einen Vorteil und hieraus wiederum einen Nutzen zu konstruieren. Bei manchen Kunden und Produkten mag das vielleicht auch funktionieren. Beispielsweise dann, wenn der Kunde sich innerlich schon dazu entschieden hat, seinen Bedarf zu decken, bevor er ein Geschäft betritt, und es lediglich darum geht, ihn auf den gewünschten Produktkurs zu bringen. Mit Verkaufen hat das allerdings wenig zu tun. Andernfalls wird eine Nutzenkonstruktion im Laufe des Gesprächs zusammenfallen, weil sie nicht auf den ausgesprochenen Bedarf des Kunden ausgerichtet ist.

Weil es allgemein üblich zu sein scheint, den Kunden mit Vorteilen oder Pseudo-Nutzen zu überhäufen, ist es für Sie einfacher, als Sie denken, so manches Angebot Ihrer Mitbewerber Stück für Stück zu demontieren. Wenn Ihnen Ihr Kunde nämlich erklärt, was die Geräte der Konkurrenz doch so alles können, fragen Sie ihn doch einfach einmal: „Wozu brauchen Sie das denn?"

Seinerzeit waren unsere Verkaufsgebiete so strukturiert, dass der Verkäufer – außer an gelistete Großkunden – seine Produkte an jeden verkaufen konnte. Das ist ja das Schöne an diesem Beruf. Sie können gehen, wohin Sie wollen. Wenn der eine nicht will, gehen Sie eben zum nächsten. Es liegt ausschließlich an Ihnen, was in Ihrem Gebiet passiert. Wenn Sie beispielsweise in Hamburg leben und der Überzeugung sind, dass die Besatzung jedes Schiffes, das anlegt, Ihr Produkt braucht, dann haben Sie ein Potenzial, das seinesgleichen sucht. Dann können Sie sogar mit Fug und Recht behaupten, dass jeder Ihrer Kunden extra mit dem Schiff aus Übersee kommt, nur um von Ihnen beraten zu werden.

Ich hatte mir damals eingebildet, dass jeder Pfarrer in meinem Gebiet dringend einen Kopierer braucht. Meine anfänglichen Bedenken, dass diese Herren vielleicht zu weltfremd für technisches Gerät wären, wurden sehr schnell zerstreut. Auf diese Idee waren nämlich noch andere Kollegen aus der Branche gekommen, sodass meine neu entdeckte Marktlücke schon längst ausgefüllt war. Die gottesfürchtigen Herren wussten mittlerweile mehr über Kopierer als ich über den kleinen Katechismus. Da war es – oberflächlich betrachtet – ein unübersehbarer Nachteil, dass unsere Geräte zu dieser Zeit mit wesentlich weniger Sonderfunktionen ausgestattet waren als die der Konkurrenz. Allerdings ließen wir uns hiervon in keiner Weise blenden. Jedes Ding hat nämlich zwei Seiten ...

Ich hatte einem Pastor ein Gerät angeboten und befand, nach angemessener Bedenkzeit, dass es jetzt soweit wäre, den Kunden zu meinem Produkt zu bekehren. Allerdings erlebte ich eine böse Überraschung, als ich mit meinem Gesprächspartner zusammen saß. Der Verkaufskollege eines anderen Unternehmens hatte ihm eine Maschine angeboten, die verkleinern konnte. Eine technische Finesse, die von unserer Entwicklungsabteilung in Amerika nur für Großkopierer vorgesehen war:

Kunde: „Sie müssen doch zugeben, dass das eine feine Sache ist. Jetzt kann ich meine Predigt auf dem Kopierer verkleinern."

Ich: „Gab es denn früher irgendwelche Schwierigkeiten, wenn Ihre Predigt in Originalgröße war?"

Kunde: „Nein, überhaupt nicht. Aber es ist doch praktischer."

Ich: „Darf ich ein solches Original einmal sehen?"

Kunde: „Ja, natürlich. Ich schreibe aber alles mit der Hand, Sie werden es kaum lesen können."

Ich: (auf das Original schauend) „Hm."

Kunde: „Was meinen Sie?"

Ich: „Sie haben eine recht kleine Handschrift, nicht wahr?"

Kunde: „Ja, ich weiß. Manchmal kann ich sie selbst kaum entziffern."

Ich: „Haben Sie denn schon einmal eine Verkleinerung eines Originals gesehen?"

Kunde: „Bisher nicht. Der Herr, der mir dieses Gerät angeboten hat, wollte mir aber noch eine zeigen."

Ich: „Ich habe ein Beispiel dabei. Wenn Sie einmal schauen möchten?"

Kunde: „Das ist aber klein. Das kann man ja gar nicht richtig lesen ..."

Daraufhin erteilte der Kunde mir den Auftrag. Er war von dieser Sonderfunktion plötzlich nicht mehr so angetan, weil er eine Verkleinerung seiner Schrift nun wirklich nicht mehr hätte lesen können.

Natürlich ist dieses Beispiel sehr extrem und nicht alltäglich. Es ist nicht die Regel, dass man aus einem Vorteil einen Nachteil gestalten kann. Ich möchte Ihnen jedoch verdeutlichen, dass überhaupt kein Grund besteht, sich durch ein Konkurrenzprodukt mit mehr Ausstattungsmerkmalen verrückt machen zu lassen. Es muss sich daraus nicht zwangsweise ein wirklicher Vorteil für den Kunden ableiten lassen. Deshalb sollten Sie bei jedem Angebot, das der Kunde Ihnen als gewinnbringender präsentiert, prüfen, ob Vorteile bzw. Nutzen auch wirklich auf den Bedarf des Kunden ausgerichtet sind. Am elegantesten ist es natürlich, wenn Sie dem Kunden einen Denkanstoss geben und er von selbst darauf kommt. In unserem Fall hatte sich die Frage „Wozu brauchen Sie das?" schon erübrigt. Man hatte dem Pastor eingeredet, dass ihm diese Funktion einen Vorteil brächte. Allgemein gesehen, ist die Möglichkeit, verkleinern zu können, ja eine feine Sache. In diesem speziellen Fall aber gereichte sie zum Nachteil des Kunden, denn die nächste Predigt wäre wohl ein wenig holprig ausgefallen.

Es kommt häufig vor, dass Kunden mit einem Produkt und dessen Zusatzfunktion drohen. Mancher Verkäufer nimmt solche Gelegenheiten zum Anlass, an seinen Erzeugnissen zu zweifeln. Vielfach dient diese Tatsache leider auch als Dauerentschuldigung oder Begründung für verlorene Verhandlungen. Gehen Sie der Sache doch einmal in Ruhe auf den Grund und fragen Sie den Kunden: „Wie oft oder wozu brauchen Sie das?"

Egal, ob der Mitbewerb nun eine HyperDSLDoppelgeschwindigkeit anbietet, die Sie nicht haben, oder schnellere, höhere, weitere Funktionen, von denen Sie nur träumen können: Sie werden bei vielen dieser Superfunktionen feststellen, dass der Kunde sie bei näherem Hinsehen größtenteils nicht wirklich benötigt. Hieraus können Sie Verkaufsargumente für Ihr Produkt gewinnen, indem Sie ihn beispielsweise darauf hinweisen, dass er diese Dinge zwar nicht nutzen kann, aber trotzdem mitbezahlt. Auch sind bei diesen „Alleskönnern" eventuell Abstriche bei den technischen Standards zu machen.

> *Die Qualität eines Produkts ergibt sich nicht aus seinen vielen Eigenschaften, sondern aus dem wirklichen, auf den Bedarf des Kunden ausgerichteten Nutzen.*

Aus der ausführlichen Bedarfsanalyse den kundenspezifischen Nutzen zu entwickeln, ist somit eine weitere vornehme Aufgabe des Verkäufers. Sicherlich ist es in bestimmten Phasen eines Verkaufsgespräches wichtig, dem Kunden zu erklären, was ein Produkt oder eine Dienstleistung für ihn tun könnte. Hierdurch kann zum Beispiel bei der Akquisition zunächst einmal das Interesse des Kunden geweckt werden. Bei weiterführenden Verhandlungen muss jedoch aus dem allgemein formulierten *„tun könnte"* ein auf die Bedürfnisse des Kunden ausgerichtetes *„für ihn persönlich oder sein Unternehmen tun wird"*, entwickelt werden.

Besonders bei so genannten erklärungsbedürftigen Wirtschaftsgütern werden Sie sonst nicht weiterkommen. Hier gibt es sehr viele Sonderausstattungen, Besonderheiten und Anwendungsmöglichkeiten, für die dieser Bedarf erst einmal vorhanden sein bzw. geschaffen werden muss, bevor der Kunde hieraus seinen Nutzen ziehen kann.

Weniger hilft meistens mehr

Um Ihren Gesprächspartner von Ihrem Produkt zu überzeugen, kann es sein, dass ein aus einem ausgesprochenen Bedarf entsprungener Nutzen ausreichend ist. Dieser eine Nutzen ist für den Kunden überzeugender als zwanzig allgemein konstruierte. Wenn Sie bedenken, wie lange ein durchschnittliches Verkaufsgespräch dauert, so wird es kaum möglich sein, mehr als fünf auf den individuellen Bedarf des Kunden ausgerichtete Nutzen zu entwickeln. Wenn diese dann wirklich passen, ist die Gelegenheit zu einem erfolgreichen Abschluss und einer sich langfristig entfaltenden Geschäftsbeziehung gegeben.

Wie Sie den Nutzen formulieren wollen, bleibt Ihnen überlassen. Es gibt hierfür eine Vielzahl von Möglichkeiten, die alle ihren Zweck erfüllen. Wichtig ist hierbei nur, dass Sie immer zuerst den vom Kunden ausgesprochenen Bedarf nennen. Hier zwei Beispiele:

- „Sie sagten, dass Sie besonderen Wert auf optimale Bildqualität der Monitore legen *(ausgesprochener Bedarf)*. Die wichtigste Voraussetzung hierfür ist, dass das Bild nicht flimmert *(Nutzen)*. Das erreichen Sie durch die hohe Auflösung von 1024 × 768 Bildpunkten *(Produktmerkmal)*."

- „Die von Ihnen gewünschte optimale Bildqualität der Monitore *(Bedarf)* wird durch die hohe Auflösung von ... Bildpunkten *(Merkmal)* erreicht. Das bedeutet für Sie, dass ein Flimmern des Bildes ausgeschlossen wird *(Nutzen)*."

Bei einer abschließenden Präsentation ist es erstrebenswert, den Nutzen in einer sinnvollen Reihenfolge zu nennen. Und zwar in einer steigernden Abfolge, also den schwächsten Nutzen zuerst, den stärksten zuletzt.

Das Wichtigste für Ihre Nutzenargumentation

- Die Kunst des Verkaufens besteht nicht darin, Merkmale, Vorteile und Nutzen irgendwie geschickt zu verbinden.
- Ein wirklicher Nutzen ergibt sich für den Kunden nur, wenn dieser auf seinen individuellen und ausgesprochenen Bedarf ausgerichtet ist.
- Wenige wirkliche Nutzen überzeugen mehr und nachhaltiger als viele konstruierte.
- Haben Sie keine Angst vor Produkten, die alles können. Finden Sie heraus, was der Kunde wirklich braucht.
- Zählen Sie dem Kunden nicht auf, was Ihr Produkt alles kann. Erarbeiten Sie mit ihm gemeinsam die Dinge, die ihm nützen.
- Achten Sie darauf, dass sich bei der abschließenden Präsentation der Nutzen vom Anfang zum Ende hin steigert.

6. Gegen den Strom schwimmen – Vom Berater zum Verkäufer

Heute gibt es kaum noch Verkäufer. Berater ist jetzt der standesgemäße Ausdruck für diese Tätigkeit. Eine Idee feiner wäre dann Consultant. Widersprüchlich ist jedoch, dass sich trotz einer neuen Namensgebung die Vorgehensweise nicht ändert. Viele „Berater" sind auf dem Stand des Verkäufers von anno dazumal stehen geblieben und verkaufen dem Kunden weiterhin Produktmerkmale als Vorteile. Nachdem sie den Kunden lange genug mit ihren vermeintlichen Vorteilen bombardiert haben, warten sie darauf, dass dieser nun seinerseits zur Sache kommt und den Auftrag vergibt. Tut er aber nicht! Meiner Erfahrung nach ist der Unterschied zwischen Berater und Verkäufer folgender: Der Eine fragt nicht nach dem Auftrag, der Andere sehr wohl.

Da das Hauptaugenmerk im Wesentlichen auf die Beratung und nicht so sehr auf den Verkauf gerichtet ist, entstehen grundsätzliche Fehler, die den Verlauf des gesamten Gesprächs gefährden: Der Kunde wird – in Bezug auf Handlungsfähigkeit – nicht qualifiziert.

Viele Verkäufer beraten den Kunden „so ins Blaue", das heißt ohne Kenntnis, ob es mit diesem Gesprächspartner überhaupt zu einem Vertrag kommen kann, also ohne zu wissen, ob der Kunde handlungsfähig ist. Häufig stellt sich erst nach aufwändiger Beratung heraus:

- Der Kunde kann nicht unterschreiben, weil er weitere Personen noch befragen muss.
- Der Kunde kann sich das Angebot gar nicht leisten. Es wurde versäumt, seine finanziellen Möglichkeiten auszuloten.

- Das Angebot überzeugt den Kunden und könnte heute auch wahrgenommen werden, wenn da nicht noch wichtigere Anschaffungen oder andere Verträge Priorität hätten.

Vier Fragen entscheiden den Gesprächsverlauf

Die folgenden Fragen sollten in den ersten Minuten des Gesprächs geklärt werden:

- Wer?
- Wie viel?
- Wann?
- Was?

Hiernach richtet sich der weitere Verlauf der Verhandlung, die dann bequem vom Verkäufer gesteuert werden kann. Besonders bei Produkten oder Dienstleistungen, deren Ausstattungsmöglichkeiten vielfältig sind und die gut geplant werden müssen, ist die Klärung dieser vier Fragen ein Muss. Im Grunde ist es ganz einfach, die Lage durch geeignete Fragen zu klären. Nehmen wir ein Beispiel aus dem Küchenverkauf.

> Eine Kundin betritt die Küchenabteilung und wendet sich mit den Worten an einen Verkäufer:
>
> *Kundin:* „Wir ziehen in eine neue Wohnung, und ich suche nun eine passende Küche."
>
> *Verkäufer:* „Gratuliere! Dann gehören Sie wohl zu den Glücklichen, die bei den heutigen Mieten etwas Passendes gefunden haben. Wann ist es denn soweit?"
>
> *Kundin:* „Na ja. Wir hoffen, in ungefähr acht Wochen einziehen zu können."

Das *Wann* hat der Verkäufer jetzt herausgefunden. Bleibt noch die Frage offen, wer *Wer* ist. Weitere mögliche Frage:

Verkäufer: „Oh. Das ist ja schon bald. Ist die Wohnung denn schon bezugsfertig, oder legt Ihr Mann bei der Renovierung selbst Hand an?"

Kundin: „Mein Mann? Nein, nein, die Wohnung ist für meinen Sohn und mich."

Jetzt gilt es für den Verkäufer noch zu klären, *wie viel* die Kundin ausgeben möchte oder kann.

Natürlich kann man auch durch eine in den Raum gestellte Annahme herausfinden, was man wissen möchte:

Kundin: „Ich interessiere mich für eine Küche."

Verkäufer: „Dann gehören Sie wohl zu den Glücklichen, die trotz der heutigen Mieten eine passende Wohnung gefunden haben?"

Kundin: „Nein, nein. Meine Wohnung wird renoviert, und das möchte ich mit einer neuen Küche verbinden."

Verkäufer: Das ist ja genauso gut, oder sogar noch besser. So sparen Sie die Umzugskosten. Wann ist die Renovierung denn abgeschlossen?"

Kundin: „Ich hoffe, in sechs Wochen."

Verkäufer: „Oh. Das ist ja schon bald. Wie viele Personen sollen denn in der neuen Küche Platz finden? Oder anders gefragt: Wie groß ist denn Ihr Haushalt?"

Kundin: „Ich bin alleinstehend. Manchmal bekomme ich natürlich Besuch."

Sie sehen, mit ein paar unverfänglichen Fragen, die sich mit der Situation des Kunden beschäftigen, kann der Verkäufer schon Folgendes abklären: *Wer* kauft die Küche, und *wann* wird sie benötigt?

Welche Fragen hierzu gestellt werden, ist im Grunde genommen gleichgültig. Es ist jedoch wichtig, Interesse an der Situation des Gesprächspartners zu zeigen. Dadurch wird die Unterhaltung lockerer, und der Kunde fühlt sich nicht ausgehorcht. Stellt sich heraus, dass der Kunde nicht allein entscheiden kann, sollte der Verkäufer einen Termin vereinbaren, an dem beide Partner zugegen sind. Deshalb sollte sich die erste Beratung in einem zeitlich begrenzten Rahmen halten.

Es gibt keinen Kunden, der verärgert ist, wenn man ihm plausibel erklärt, dass eine solche Entscheidung von Anfang an gemeinsam mit dem Partner getroffen werden sollte. Erst wenn alle Beteiligten an einem Tisch sitzen, ist eine ordentliche Beratung mit anschließendem Verkaufsgespräch überhaupt sinnvoll. Außerdem zeigt sich dann auch, wer bei den beiden wirklich „die Hosen anhat", also wen Sie hauptsächlich überzeugen müssen.

Sicherlich: Es gibt auch Verhandlungen, in denen man an den anderen Partner nicht herankommt, weil er keine Zeit oder kein übermäßiges Interesse hat. Diese Gespräche gestalten sich dann sehr schwierig, weil Sie wenig steuern können. Hier ist es ratsam, dem Kunden anzubieten, ihn zu Hause zu besuchen, einen Vertrag mit Rücktrittsrecht vorzuschlagen bzw. herauszufinden, ob das Desinteresse des anderen soweit geht, dass eine Entscheidung auch ohne seine Zustimmung getroffen werden kann. Wenn Sie herausgefunden haben, dass der Kunde allein entscheiden kann, liegt es ausschließlich an Ihnen, ob Sie heute ein Geschäft machen oder nicht.

Jede dieser Informationen sollten Sie für Ihre Argumente nutzen. Wird die Ware in sechs Wochen benötigt, muss sie sofort bestellt werden, damit der Kunde sie dann auch geliefert bekommt. Sie kennen ja die Problematik der Lieferzeiten. Soll erst in drei Monaten geliefert werden, so muss sich der Kunde auch hier schnellstmöglich entscheiden, damit die Ware auch wirklich zum gewünschten Zeitpunkt da ist. Auch hier sind es die Lieferzeiten, die uns immer wieder Kummer machen.

Schon mit dem Wissen, wann der Kunde die Ware benötigt, besitzen Sie ein hervorragendes Steuerungselement. Die Kernfrage ist allerdings immer: *Wie viel* will bzw. kann der Kunde ausgeben?

Stellen Sie sich vor, ein junges Ehepaar betritt ein Möbelgeschäft und möchte eine Küche kaufen. Der Verkäufer geht vorbehaltlos auf alle Wünsche der Kunden ein, und nachdem er alle Möbelteile und Elektrogeräte zusammengerechnet hat, verkündet er freudestrahlend, dass die Küche „nur" 15 000 Euro kostet. Das Paar bedankt sich höflich und verabschiedet sich, ohne zu kaufen.

Im nächsten Geschäft wird für eine optisch ähnliche Küche, deren technische Ausstattung vielleicht nicht ganz so mondän ist, ein Preis von 7 500 Euro errechnet. Unser Paar ist begeistert und kauft die Küche sofort. Außerdem wird es später seinen Freunden erzählen, dass dieselbe Küche im zweiten Geschäft um 7 500 Euro preiswerter war.

Aus Kundensicht ist es verständlich, dass Sie von derselben Küche reden. Sie kennen die Unterschiede beispielsweise der Materialien nicht. Warum? Weil sie ihnen gar nicht erst erklärt werden. Es wird auch nicht nachgefragt. Der Kunde ist Laie und wird sich, wenn er normale Ansprüche hat, nach der Optik und dem Preis entscheiden.

Wenn Sie bei der Bedarfsermittlung herausfinden, wie viel der Kunde ausgeben möchte, können Sie das gesamte Gespräch so steuern, dass er auch bei diesem Preis landet. Erfahrungsgemäß wird der Kunde auch dann kaufen, wenn der Preis 10 bis 15 Prozent höher liegt, als ursprünglich geplant war. Das ist aber auch schon die Schallgrenze. Sie sollten dann allerdings in der Lage sein, den Käufer von Ihrem Produkt zu begeistern. Es ist nicht schwierig zu ermitteln, wo das Preislimit des Kunden liegt. Hier ist es wesentlich, dass der Kunde nicht das Gefühl hat, abgeschätzt zu werden. Mögliche Fragen könnten sein:

- „Bei einem Umzug/einer Renovierung müssen Sie viele Kosten berücksichtigen. Deshalb ist eine Finanzplanung für Sie

wichtig. Welche Summe hatten Sie denn für die Küche eingeplant?!
- „Sie möchten sicherlich eine Küche, die nicht nur Ihrem Geschmack entspricht, sondern auch Ihre Preisvorstellungen erfüllt. Dazu ist es natürlich wichtig zu wissen, wie viel Ihnen die Küche wert ist."

Es ist wichtig, dass die Frage natürlich klingt und sich mit der Situation des Kunden beschäftigt. Und wesentlich ist, dass die Frage nach dem Preis überhaupt gestellt wird.

Ihr Einwand, lieber Leser, dass es auch Kunden gibt, die sich über ihre Preisvorstellungen nicht äußern wollen, ist durchaus berechtigt. In diesem Fall fragen Sie den Kunden doch einmal, ob er ein seriöses Kaufangebot möchte. Da er diese Frage aller Voraussicht nach mit ja beantworten wird, erklären Sie ihm, dass Sie ohne diese Information kein seriöses Angebot machen können. Denn wenn Sie nachher mit dem Preis, sagen wir 30 Prozent, über oder unter seinen Vorstellungen liegen, ist Ihr Vorschlag nicht bedarfsgerecht und somit auch nicht seriös.

Selbst wenn der Kunde es dem Verkäufer einfach macht und direkt nach der Lieferzeit oder dem Preis fragt, kann man manche Antworten des Verkaufspersonals nicht gerade verkaufsorientiert nennen:

- „Welche Lieferzeiten haben Sie momentan für Einbauküchen?"
- „Sechs bis acht Wochen."

Der Verkäufer hat seine möglichen Argumente aus der Hand gegeben, erhält keine brauchbaren Informationen und muss auf die Antwort des Kunden reagieren, anstatt agieren zu können. Denn der Kunde kann eine ganze Reihe von Antworten entgegnen:

- „Na ja. So schnell brauche ich sie nicht."

- „Das ist viel zu spät."
- „Vielen Dank. Ich wollte nur einmal wissen ..."

Der Verkäufer kann auch einmal getrost eine Gegenfrage stellen, um Informationen zu erhalten:

- „Da spielen viele Faktoren wie Material, Größe und Ausstattung eine Rolle. Wann brauchen Sie sie denn?"

Voilà! Jetzt ist der Kunde dran.

Genauso verhält es sich bei der Frage nach dem Preis:

- „Was würde eine Küche in dieser Größe etwa kosten?"
- „Das kommt darauf an, für welche Front Sie sich entscheiden und welche Geräte Sie möchten. Wie viel hatten Sie denn geplant?"

Hat der Verkäufer herausgefunden, wie viel der Kunde ausgeben will, ist es einfach, die Küche dementsprechend zu gestalten. Sicherlich hat jeder Kunde auch Vorstellungen in Bezug auf das Aussehen und die technische Ausstattung seiner Küche. Die meisten Möbelhäuser führen drei oder mehr Lieferanten in ihrem Programm, da dürfte es wohl keine Hürde darstellen, das Passende zu finden.

Die verkaufsorientierte Beratung sollte in Zukunft noch mehr im Vordergrund stehen, damit der Kunde gar nicht erst auf die Idee kommt, sich noch bei einem anderen Anbieter umzuschauen. Das erreichen Verkäufer am ehesten, indem sie mit den „richtigen" Kunden verhandeln und deren Erwartungen erfüllen. Andernfalls spielen Sie nämlich Lotto. Warum? Weil Sie da auch erst mit drei Treffern etwas gewinnen:

1. Treffer: Sie sprechen *zufällig* mit der entscheidenden Person.

2. Treffer: Sie machen *zufällig* einen Preis, der den Vorstellungen des Kunden entspricht.

3. Treffer: Ihre Lieferzeiten decken sich *zufällig* mit den Wünschen des Käufers.

4. Treffer: Sie haben zufällig die richtige Lösung

Falls Sie Lotto spielen, wissen Sie ja, wie selten vier Treffer sind ...

Klären Sie also zunächst die vier Fragen: Wer? Wie viel? Wann? Was?

Das betrifft alle – auch Sie und Ihre Branche!

Ich kann die Kollegen schon bis hierher hören: „Na ja. In manchen Branchen ist das so, und Möbelverkäufer ...!?" Eben nicht! Es wird überall und in jeder Branche, ob Innen- oder Außendienst, versäumt, grundsätzliche Fragen zu klären, um das Verkaufen so einfach wie möglich zu gestalten.

Es ist doch so: Wenn Sie nach Informationen fragen und diese erhalten, können Sie agieren, und der Kunde muss reagieren. Haben Sie keine Informationen, müssen Sie reagieren, und der Kunde kann nach Belieben agieren.

Sie brauchen im Grunde nur ein paar harmlose Fragen zu stellen, und der Kunde wird Ihnen die gewünschten Auskünfte geben. Hiernach richten Sie Ihr Angebot aus. Wenn Sie keine Informationen haben, können Sie den Bedarf des Kunden überhaupt nicht decken, weil Sie, beispielsweise im Preis, wahrscheinlich arg danebenliegen. Oder können Sie dem Kunden an seinen Schuhen oder an seiner Uhr ansehen, wie viel ihm das Produkt, das Sie anbieten, wert ist? Ich denke nicht! Sie müssen ihn schon fragen. Der Kommentar bei einer Verhandlung, die mit dem Kundenurteil „zu teuer" endet, ist dann meistens: „Die Leute wollen alles haben, aber nichts bezahlen." Ja. Ja. Der Kunde ist wieder Schuld ...

Glücklicherweise denken Sie nicht so! Sie wissen, dass der Kunde auf Ihrem Gebiet Laie ist und nicht unbedingt weiß, was auf ihn zukommt. Er hat bestimmte Vorstellungen, und Sie wissen, dass es Ihre Aufgabe ist, diese zu erfüllen. Ihnen ist klar, dass der Kunde nicht weiß, welche Informationen Sie brauchen, und deshalb fragen Sie ihn ganz einfach danach.

Wenn Sie es dem Kunden und sich ganz einfach machen wollen, erklären Sie Ihrem Gesprächspartner zu Beginn des Verkaufsgesprächs, dass bestimmte Informationen eine Grundvoraussetzung für ein seriöses und bedarfsgerechtes Angebot sind. Jeder Kunde hat normalerweise Verständnis dafür:

- „Herr Kunde. Zunächst möchte ich mich bedanken, dass Sie mir durch den Termin die Gelegenheit geben, unsere Dienstleistungen und mich vorzustellen. Ich bin heute in der Absicht hier, festzustellen, inwieweit eine Zusammenarbeit für beide Seiten Vorteile bringt. Damit sich eine Partnerschaft zwischen uns auch wirklich zufriedenstellend gestalten kann, ist es nötig, dass ich Ihnen ein paar Fragen stelle. Einverstanden?"

Wenn der Käufer in Ihr Geschäft gekommen ist, können Sie ihm, nachdem Sie ins Gespräch gekommen sind, beispielsweise sagen:

- „Es freut mich, dass Sie unser Haus aufgesucht haben, um sich zu informieren, ob wir Ihre Wünsche erfüllen können. Meine Aufgabe besteht darin, Ihnen das vorzuschlagen, was Ihren Vorstellungen entspricht. Damit wir gemeinsam das für Sie Ideale finden, möchte ich Ihnen ein paar Fragen stellen. Einverstanden?"

Die schönsten Kaufhäuser und die größte Auswahl sind lediglich dazu geeignet, so viele Kunden wie möglich anzulocken. Eine verkaufsorientierte Beratung werden sie jedoch niemals ersetzen. Werbung wie: „Bei uns werden Sie das Passende finden" lassen wohl eher auf eine gewissen Beratungsunlust schließen. Warum sollte der Kunde seine Zeit damit verplempern, lange zu suchen? Da kann er genauso gut gemütlich Online bestellen. Hier kann er die Ware sogar noch vierzehn Tage begutachten und gegebenenfalls zurückschicken. Das Schönste hieran allerdings ist, dass er nicht durch die nervtötende Frage „Kann ich Ihnen helfen?" direkt wieder verscheucht wird.

Es ist also die Aufgabe des Verkäufers, dem Kunden zu helfen, aus dem Angebot das Richtige herauszusuchen. Oder was glauben Sie, warum manche Situationen entstehen, die für jeden Kunden unzumutbar sind? Hierzu ein Beispiel:

> Ein Verkäufer bietet dem Interessenten beispielsweise einen Mantel zur Anprobe an. Der Kunde muss – möglichst unauffällig – in der Innenseite oder im Ärmel rumfummeln, um das Preisschild zu suchen. Der Mantel gefällt ihm zwar, er weiß jedoch nicht, ob er ihn sich leisten kann bzw. will. Der Verkäufer hat keinerlei Fragen gestellt, sondern einfach „drauflos gezeigt".
>
> Ergebnis: Der Kunde ist verschämt, fühlt sich unwohl und verunsichert.
>
> Urteil: Das ist aber teuer!
>
> Konsequenz: Einmal und nie wieder!
>
> Wer das unter kunden- und verkaufsorientierter Beratung versteht, braucht sich wirklich nicht zu wundern, wenn er Kunden kein zweites Mal sieht!

Überlegen Sie also bitte in Zukunft, welche Informationen Sie von Ihren Kunden brauchen, um ihnen einen bedarfsgerechten Vorschlag zu unterbreiten. Stellen Sie die Fragen bitte so, dass der Kunde Ihr Interesse an seiner Situation spürt! Dann können Sie agieren, anstatt reagieren zu müssen. Ihre Gespräche werden einfacher, und mancher Kunde wird es Ihnen danken, indem Sie ihn zu Ihren Stammkunden zählen können.

7. Barfuß oder Lackschuh – So überstehen Sie Preisgespräche

Hand aufs Herz: Jedem Verkäufer – mich übrigens eingeschlossen – ist, zumindest am Anfang seiner Verkäuferkarriere, spätestens dann ein wenig unwohl geworden, wenn es bei einer Verhandlung galt, den Preis zu nennen. Vor dem alles entscheidenden Preisgespräch gab es da die eine oder andere schlaflose Nacht.

Im Laufe der Zeit stellte ich zunehmend fest, dass der Preis für die meisten Kunden gar nicht so sehr im Vordergrund steht. Es sind oft die Verkäufer, in deren Vorstellung der Kunde schon Nein gesagt hat, bevor sie den Preis überhaupt genannt haben. Das liegt wohl daran, dass sie sich nicht ausmalen können, ihr eigenes Produkt zu kaufen, weil es ihnen selbst zu teuer erscheint. Und was für einen selbst undenkbar ist, das brauchen andere dann ja wohl auch nicht, oder!? Also bieten Sie den Kunden lieber etwas an, das mit deren Maßstäben übereinstimmt.

> Als meine Frau und ich unser Haus bauten, mussten wir uns auch nach einer passenden Küche umsehen. Unser Haushalt ist so geregelt, dass jeder für das zuständig ist, was er am besten kann, und das ist bei mir das Kochen. Also bestand meine Aufgabe darin, den Küchenkauf soweit vorzubereiten, dass meine Frau nur noch dem Frontmuster zustimmen musste.
>
> Ich zog also los, um drei Küchenstudios aufzusuchen, von denen ich annahm, dass ich dort etwas Geeignetes für uns finden würde. Schon im ersten Geschäft sah ich, kurz hinter dem Eingangsbereich postiert, eine Küche, die mir ganz gut gefiel und die ich mir näher betrachten wollte. Ich öffnete also diese und jene Tür, zog ein paar Schubladen aus den Unterschränken heraus und stellte mir vor, wie ich das Mittagessen zubereiten würde. Und als ich gerade zum Salzstreuer greifen wollte, damit die Bratkartoffeln nicht zu fad schmecken, wurde ich durch Deutschlands Kauf-

animationsfrage Nr. 1: „Kann ich Ihnen helfen?" aus meinen Träumen gerissen.

Ich drehte mich um und vor mir stand eine Dame mittleren Alters, die den Eindruck machte, gute Kochrezepte zu kennen.

„Ich suche eine Küche", antwortete ich noch ganz verdattert. „Dann zeige ich Ihnen mal was Passendes. Diese Küche hier ist nämlich von Zeyko und aus massivem Holz. Da kostet diese kleine Zeile ja schon 8 000 Euro." Peng!

Sie werden sich wohl vorstellen können, dass das Gespräch ziemlich einseitig wurde. Mir ist zwar bekannt, dass ich nicht unbedingt aussehe wie Aristoteles Onassis. Dass ich aber einen so ärmlichen Eindruck mache, war mir neu.

Nicht nur, dass sich die Verkäuferin von vornherein die Möglichkeit genommen hatte, ein teures Produkt zu verkaufen und somit mehr Umsatz zu machen, sie hatte zusätzlich – und das ist viel schlimmer – mein Selbstwertgefühl verletzt. Oder lassen Sie sich gerne von anderen Menschen erklären, dass Sie ein armer Hund sind?

Einer meiner Freunde gibt jeden Monat fast 500 Euro für seine Modelleisenbahn aus. Ein anderer steckt sein ganzes Geld in die neuesten Werkzeuge. Ein dritter wiederum ist im Besitz von sage und schreibe 36 Aktentaschen und 42 Füllern. Das sind Bedürfnisse, die ich wiederum nicht nachvollziehen kann. Aber bitte, jeder Narr ist anders. Dafür werde ich regelmäßig gefragt, wann mein Uhrenmuseum eröffnet wird.

Sie sehen, der Preis steht grundsätzlich in Verbindung mit dem Nutzen, den der Kunde durch den Kauf eines Produktes erhält bzw. mit dem Bedürfnis, das er hierdurch befriedigt, und ist daher immer relativ.

> *Der Kunde und nicht der Verkäufer entscheidet, ob die Verbindung zwischen Preis und Nutzen bzw. Bedürfnisbefriedigung in einem ausgewognem Verhältnis steht.*

Ich habe mich oft gefragt, was die Kunden, wenn es um den Preis geht, eigentlich wollen. Letztendlich bin ich zu dem Schluss gekommen, dass der Normalkunde nicht in erster Linie auf großartige Rabatte aus ist (auch heute nicht). Er möchte freundlich und kompetent beraten werden, einen guten Service genießen und einigermaßen sicher sein, dass ein Nachbar oder Geschäftsfreund das gleiche Produkt nicht um 20 Prozent preiswerter gekauft hat. Selbstredend möchte er auch ein gewisses Entgegenkommen erfahren, aber das gehört zu jeder Verhandlung dazu. Ich persönlich fände es auf Dauer langweilig, wenn jeder Kunde meinem Angebot sofort und ohne Widerspruch zustimmen würde. Bei Geschäftskunden würde es mich sogar nachdenklich stimmen, wenn sie überhaupt nicht verhandeln wollten. Da kommt bei mir immer der Verdacht auf, dass sie Geld ausgeben, das sie entweder nicht haben oder das ihnen nicht gehört.

„Räuber" ...

Wie Sie eventuell schon am eigenen Leib verspürt haben, gibt es natürlich Kunden, die unter Entgegenkommen etwas ganz anderes verstehen.

> Als ich noch Vertriebsleiter mit eigenem Gebiet war, erhielt ich einen Anruf aus unserer Zentrale. Der Filialleiter eines großen Bankhauses, das Kunde bei uns war, hatte sich dort gemeldet und einen Tipp gegeben. Er hatte einem seiner Kunden die neueste Errungenschaft, eine Büromaschine von uns, gezeigt. Der Kunde war von dem Gerät dermaßen angetan, dass er es nun auch in seinem Betrieb einsetzen wollte. Natürlich freut sich ein jedes Verkäuferherz über solche Geschenke, zumal diese Bank nicht

gerade unsere kleinsten Maschinen im Einsatz hatte. Also, Termin gemacht und nichts wie hin. Solche handverlesenen Kunden lässt man ja nicht gerne warten. Meine Euphorie wurde allerdings jäh gebremst, als mir der gute Mann nach einer sehr kurzen und freundlichen Begrüßung eröffnete:

„Also, Herr Sickel. Sie wissen, dass ich mich für Ihr Gerät interessiere. Wenn Sie mir allerdings nicht dieselben Konditionen wie meiner Bank gewähren, brauchen wir uns gar nicht erst weiter zu unterhalten. Sie können sich wohl vorstellen, dass Ihre Mitbewerber bei mir Schlange stehen."

„Wie viele Geräte wollen Sie denn einsetzen?", fragte ich ein wenig irritiert.

„Na eines, selbstverständlich", antwortete er mit einem wirklich unangenehm fordernden Unterton in der Stimme.

„Ich verstehe natürlich, dass Sie bei einer Maschine dieser Größenordnung ein gewisses Entgegenkommen erwarten. Hierzu bin ich grundsätzlich auch gerne bereit. Ein Grundprinzip unseres Hauses ist es jedoch, alle unsere Kunden gleich zu behan..."

„Ist ja gut. Was bedeutet das nun?", fiel er mir barsch in Wort.

„Das bedeutet, dass die Höhe des Nachlasses immer von der Abnahmemenge abhängt. In diesem Fall ist eine Mindestmenge von 25 Stück vorgesehen", erklärte ich ihm.

„Was? Sie sind wohl verrückt!? Wie ich Ihnen schon sagte, entweder die Konditionen meiner Bank oder kein Geschäft für Sie. Schließlich bin ich ein guter Kunde dieser Bank."

Ich verzichtete darauf, weitere Erklärungen zu seinen völlig unlogischen Schlussfolgerungen abzugeben, erläuterte ihm kurz, dass meine Geschäftsführung hierüber zu befinden hätte und verabschiedete mich freundlich.

Natürlich können Sie jetzt sagen: „Diesen Kunden hätte man doch mit ein wenig verkäuferischem Geschick überzeugen können, dass für ihn eben andere Konditionen gelten." Sicherlich haben Sie Recht. Es stellt sich nur die Frage, ob uns solche „Typen" noch zu unserem Glück fehlen. Diese Spezies Kunde ist erfreulicherweise sehr selten. Mir sind bisher vielleicht sechs begegnet. Auf den ersten bin ich hereingefallen, die anderen habe ich meinen Arbeitgebern und mir erspart. Da diese Leute ausschließlich auf ihre Vorteile bedacht sind und überdies noch an Selbstüberschätzung leiden, stellen sie grundsätzlich unangemessene Forderungen. Was bleibt in solchen Fällen für Sie und Ihr Unternehmen übrig?

- An allen Reklamationen sind ausnahmslos entweder Sie, Ihre Firma oder das Produkt schuld. Aus diesem Grund werden Ihre ohnehin schon mageren Rechnungen auch grundsätzlich noch einmal gekürzt.

- Sollte eine technische Störung nicht innerhalb kürzester Zeit behoben sein, wird mit Schadenersatzklage gedroht. Das ist zwar nicht ohne Weiteres möglich, zeugt aber von der Selbstüberschätzung dieser Leute.

- Sie werden bald glauben, dass Sie überhaupt nur diesen einen Kunden haben, weil ihm immer etwas Neues einfällt, um Sie zu beschäftigen.

- Als Dank für Ihre Bemühungen macht der Kunde Negativwerbung für Sie: „Von dieser Firma kann ich nur abraten. Deren Service ist eine Katastrophe."

- Sie werden dort auch keine weiteren Geräte platzieren können, es sei denn, Sie machen nochmals ruinöse Preiszugeständnisse.

- Diese Kunden wissen noch nicht einmal, wie Lieferantentreue geschrieben wird.

Diese Liste ließe sich beliebig fortführen. Sollten Ihnen jedoch mehr als drei Punkte „irgendwie bekannt" vorkommen, wäre es einmal angebracht, Ihre Kundenkartei zu überprüfen.

Viele Verkäufer und auch Verkaufsleiter leben in der Illusion, dass später so etwas Ähnliches wie ein partnerschaftliches Verhältnis zu solchen Kunden aufgebaut werden könnte. Häufig wird auch davon geträumt, den niedrigen oder gänzlich fehlenden Gewinn durch den Verkauf beispielsweise von Zubehör bei diesem Kunden zu erhöhen. „Wenn der Kunde sieht, wie wir uns bemühen, wird der Kunde das irgendwann honorieren", hoffen Sie. Oder: „Das holen wir durch ... wieder rein", spekulieren sie. Von solchen Fantastereien beflügelt, machen sie dann Konditionen, die eher auf selbstmörderische Absichten schließen lassen. Wachen Sie auf!

> *Suchen Sie sich Umsatzträger, anstatt auf Hoffnungsträger zu setzen.*

Selbst wenn der Kunde einen Namen hat, der Sie vor Ehrfurcht erstarren lässt, ist das kein Grund, sich zu ruinieren. Kümmern Sie sich dafür lieber mehr um profitables Neugeschäft und um Ihre treuen Kunden. Sie werden es Ihnen danken.

> Noch einmal zurück zu meinem „Bankkunden". Selbstverständlich musste ich der Zentrale berichten, was denn nun aus dem Tipp geworden war. Ich schilderte die Situation und erklärte, dass der Kunde Forderungen stellte, die aus meiner Sicht nicht zu erfüllen seien. Damit war die Sache für mich erledigt, und ich beschloss, dem Kunden schriftlich mitzuteilen, dass wir zu diesem Preis nicht liefern würden. Zu meiner völligen Überraschung erhielt ich am nächsten Tag den Anruf eines unserer Geschäftsführer, der mir mitteilte, dass wir bei diesem Kunden eine Ausnahme machen würden. Er begründete seine Entscheidung mit den guten Kontakten, die dieser zu unserem Großkunden – der Bank – hätte. Um es kurz zu machen: Wir lieferten die Maschine aus. Nach vier Monaten durfte ich den Kunden zum ersten Mal besuchen, um einen Scheck über die längst überfällige Quartalsmiete zu holen. Der Scheck, den ich acht Monate später holen musste, platzte. Bei meinem dritten Besuch bauten wir gleich die ganze Ma-

schine ab, weil in dieser Firma mittlerweile mehr Gerichtsvollzieher als Mitarbeiter zu tun hatten. Wahrscheinlich war der Kunde bei seiner Bank damals so gern gesehen, weil er dort so viele Schulden hatte!?

Bezeichnenderweise schaute die Geschäftsführung meines früheren „Dienstherrn" drei Jahre später auch in die Mündung einer Flinte, die aus mehreren Rohren bestand: das der Gläubiger, das der Bank, das des Konkursverwalters ... Das ist dann das Ergebnis solcher Pyrrhussiege.

Sie sehen, dass mit dieser Art Geschäfte auf längere Sicht niemandem geholfen ist. Wie schon gesagt, es handelt sich bei diesen Menschen um eine Minderheit, die uns mehr Gewinn bringt, wenn sie unserer Kundenkartei fernbleibt.

... gibt es auch im eigenen Lager

Ich gehe einmal davon aus, dass sich niemand solche Zeitgenossen als Verhandlungspartner wünscht. Umso unverständlicher ist es, dass manche Verkäufer genau diese Allüren an den Tag legen, wenn Sie selbst Kunde in einem Geschäft sind. Hier setzen sie dann ihre erlernten Fähigkeiten ein, um für sich den größtmöglichen Vorteil herauszuschinden. Da wollen sie dann plötzlich von der Verhandlungsbereitschaft, die sie von ihren eigenen Kunden erwarten, nichts mehr wissen.

Ich begleitete einmal meinen damaligen Verkaufsleiter zum Autokauf. Er wollte für seine Frau einen kleinen Wagen erwerben. Nachdem er einen ordentlichen Preisnachlass ausgehandelt hatte, ging ich davon aus, dass das Geschäft perfekt sei und wir gehen könnten. Da hatte ich mich allerdings gründlich getäuscht, denn jetzt ging das Verhandeln überhaupt erst los. Es mussten noch Lautsprecher, Antenne, Halterungen für den Kindersitz usw. eingebaut werden. Kostenlos, versteht sich! Als wir später endlich auf dem Weg zurück ins Büro waren, konnte ich mir die Frage, ob Verkaufsleiter wirklich so wenig verdienen, gerade noch verkneifen.

Ein anderer meiner Kollegen handelte bei dem Kauf eines Fotoapparates den Preis so lange herunter, bis der Geschäftsinhaber nur noch resignierend sagte: „Na ja, dann werden Sie wohl wenigstens die Filme bei mir entwickeln lassen."

Es ist durchaus legitim, seinen Vorteil zu suchen, jedoch sollte man die Kirche im Dorf lassen. Jeder Verkäufer wünscht sich kompromissbereite Verhandlungspartner, also wäre es wohl angebracht, sich selbst auch dementsprechend zu verhalten.

Ich bin jedenfalls der Meinung, und die Erfahrung gibt mir Recht, dass diese Herren niemals zu Spitzenverkäufern avancieren werden:

> *Jemand, der immerzu seinen eigenen Vorteil sucht, wird schwerlich auf die Idee kommen, sich in die Lage seines Gegenübers zu versetzen. Deshalb wird er auch nie die Bedürfnisse des anderen erkennen und aus dessen Sicht argumentieren können.*

Das Argumentieren aus Sicht des Kunden ist nun mal eine der Grundlagen des Verkaufens, weil wir unserem Gegenüber hierdurch zu erkennen geben, dass wir seine Situation erfasst und begriffen haben. Nur so können wir ihm eine auf seine Bedürfnisse zugeschnittene und wirklich Erfolg versprechende Lösung anbieten.

Deshalb gilt für mich: Eine der besonderen Eigenschaften von Spitzenverkäufern ist auch eine gewisse Großzügigkeit, und zwar

- seinen Kunden gegenüber, besonders wenn es einen Grund zur Beanstandung gibt;
- seinen Kollegen gegenüber, wenn es darum geht, deren Erfolg ehrlich anzuerkennen;

- ebenso dem Mitbewerber gegenüber, wenn er einmal die Nase vorn hatte, was selbstredend äußerst selten vorkommt.

Sollte Ihr Mitbewerber Ihnen doch einmal überlegen sein, erklären Sie Ihrem Verhandlungspartner, dass es kein Unternehmen gibt, das in allen Bereichen führend ist. Jedoch werden Sie diese „Niederlage" zum Anlass nehmen, in der betreffenden Sparte Verbesserungen anzustreben. Auch wenn Sie als Verkäufer (leider) meistens keinerlei Einfluss auf derartige Gestaltungen haben, sagen Sie es trotzdem!

Versuchen Sie aber nicht, dem Kunden ein schlechtes Gewissen einzureden. Selbst wenn das klappen sollte, wird er deshalb seine Entscheidung nicht ändern. Das einzige, was Sie hierdurch bewirken, ist, dass Sie bei der nächsten Kaufentscheidung von vornherein nicht berücksichtig werden. Wer verhandelt schon gerne mit Mimosen?

Ich habe Verkäufer und Verkaufsleiter gleichermaßen erlebt, die für Kollegen im Nachhinein gutes Wetter machen wollten. Nachdem der Kunde sich gegen ihr Angebot entschieden hatte, versuchten sie auf die Mitleidstour noch etwas zu retten: „Mein Kollege hat sich solche Mühe gegeben. Und jetzt ...?" Ich bin mir nicht sicher, ob mich diese Methode eher an Betteln als an Verkaufen erinnert. Also. Kopf hoch! Das Spiel heißt *Mensch ärgere dich nicht*, und die nächsten Kunden warten schon auf Sie.

Machen Sie „einzigartige" Angebote

Apropos Großzügigkeit. Hier ein Beispiel, wie Sie mit nur drei Prozent Nachlass ein wirklich großzügiges Geschenk machen können:

> Vor ein paar Jahren führte ich ein telefonisches Akquisitionsgespräch mit dem Inhaber einer Kölner Werbeagentur, im Folgenden Herr Z genannt. Zu Beginn unseres Gespräches erklärte mir

Herr Z, dass er zwar Büromaschinen brauche, diese aber mit Sicherheit bei einem unserer Mitbewerber kaufen würde. Dieser wäre nämlich einer seiner besten Kunden, und da verstünde es sich wohl von selbst, dass er dort bestellte. In der Mitte des Gesprächs hatte ich ihn davon überzeugt, dass er durch eine Unterhaltung mit mir ja nicht unbedingt dümmer werden würde, und am Ende gab er mir einen Termin für den übernächsten Tag. Er versäumte es allerdings nicht, mir nochmals eindringlich klarzumachen, dass er mit hundertprozentiger Sicherheit nicht bei mir kaufen würde. Sie können sich wohl denken, dass bei mir jetzt das große Rätselraten begann:

- Hat dieser Kunde zu viel Zeit und quatscht gerne? (Gibt es tatsächlich.)
- Ist er einfach neugierig? (Typisch Werbemensch!)
- Kann es sein, dass er zwar eine gewisse moralische Verpflichtung gegenüber seinem Auftraggeber empfindet, es ihn aber stört, dass er dort kaufen muss?
- Sagt ihm dessen Angebot vielleicht nicht unbedingt zu?

Und damit endeten meine Nachforschungen auch schon, denn die Antwort konnte mir nur Herr Z selbst geben. Was mich diesem Termin optimistisch entgegensehen ließ, war die Tatsache, dass er mir immer wieder zu verstehen gab, er würde nichts bei mir kaufen, so als ob er sich das einreden müsste.

Wie dem auch sei, am übernächsten Tag stand ich in seinen Büroräumen und staunte nicht schlecht. Die Einrichtung war zwar noch nicht komplett, was dort jedoch stand, verdiente durchaus das Prädikat Extraklasse. „Etwas ganz Besonderes" dachte ich so bei mir, ohne zu wissen, dass das der Schlüssel zur Unterschrift von Herrn Z war.

Nachdem ich sein Büro ausgiebig bestaunt und ihn für seine tollen Werbeaktionen, die er für unseren Mitbewerber machte, noch ausgiebiger gelobt hatte, berichtete er, wie ich mir seinen Maschinenpark vorzustellen habe. Hierzu muss man wissen, dass Werbeagenturen grundsätzlich technisch sehr aufwändige Geräte brauchen. Heute macht das ja alles der Computer, damals war man jedoch schon froh, wenn man einen Kopierautomaten mit Editierboard hatte, der ein Original ausschnittsweise vergrößern konnte.

Ein solches Gerät hatten wir seinerzeit glücklicherweise im Programm. Herr Z war hiervon erkennbar angetan, und sein Vorsatz, bei seinem Kunden zu kaufen, geriet sichtlich ins Wanken. Es fehlte nur noch ein kleiner Anstoß, damit er auf die richtige Seite, nämlich meine, fiel:

Ich: „Herr Z, gestern hat uns unser oberster Chef in der Filiale besucht. Aufgrund unserer guten Umsätze hat er jedem Verkäufer eine IBM-Schreibmaschine zur Verfügung gestellt, die wir quasi als verkaufsfördernde Maßnahme einem Neukunden schenken können."

Herr Z: „Herr Sickel, Sie machen es mir wirklich nicht leicht."

Ich: „Ich nehme an, dass Sie sich die Entscheidung selbst unnötig schwer machen, nicht wahr?"

Herr Z: „Da haben Sie wohl Recht. Kann ich mir die Sache, sagen wir, drei Tage überlegen?"

Ich: „Da spricht grundsätzlich nichts dagegen. Die Frage ist nur, was ich mache, wenn mir morgen ein Kunde zusichert, unter diesen Bedingungen sofort zu bestellen?"

Herr Z: „Das kann ich natürlich verstehen, aber ich muss auch erst einmal sehen, wie ich das wiederum meinem Kunden erkläre."

Ich: „Herr Z, ich mache Ihnen folgenden Vorschlag, mit dem uns beiden geholfen ist. Sie unterschreiben mir den Kaufvertrag über das Gerät. Die Schreibmaschine führen wir mit auf. Dafür erhalten Sie von mir ein für Sie kostenfreies Rücktrittsrecht von drei Arbeitstagen."

Herr Z: „Wann würde ich die Schreibmaschine denn bekommen?"

> *Ich:* „Ich würde sagen, sofort nach Ablauf der Frist."
>
> *Herr Z:* „Gut, Herr Sickel. Diesen Vorschlag kann ich akzeptieren."
>
> Mein Kunde hat übrigens keinen Gebrauch von seinem Rücktrittsrecht gemacht, sodass der Handel zustande kam.

Mich erstaunt heute immer noch, dass Herr Z. auf diese einfache List hereinfiel, zumal er mir erzählte, früher einmal Immobilien verkauft zu haben. Oder hätten Sie geglaubt, dass die Geschichte stimmen würde? Sicherlich nicht! Es sei denn, Sie kennen einen Verkäufer, der etwas zu verschenken hat.

Aus diesem Beispiel lassen sich folgende Schlüsse ziehen:

- *Jeder* Termin hat einen Wert.
- Einen Preisnachlass bekommt man an jeder Straßenecke. Eine Schreibmaschine, damals ein kostbares Geschenk, nicht.
- Es handelte sich um eine *einmalige Gelegenheit* für den Kunden, was das Interesse daran drastisch steigen ließ.
- Die Maschine war zwar *qualitativ hochwertig*, aber nur in der *Vorstellung* des Kunden wirklich *teuer*. Letztendlich kostet sie im Einkauf etwa 500 Euro, was einem Preisnachlass von drei Prozent entsprach.
- Der Kunde musste etwas *tun*, um das Geschenk zu bekommen, nämlich zunächst einmal eine Absichtserklärung, sprich einen Vertrag, unterschreiben.

Hätte ich ihm eine Bedenkzeit eingeräumt, ohne ihm seinerseits ein Zugeständnis abzuverlangen, hätte mein Angebot stark an Wert verloren. Alles, was wir leicht bekommen können, ist noch lange nicht so kostbar wie das, wofür wir etwas tun müssen.

Zu dieser Zeit hatten wir die Schreibmaschinen im „Soll", was bedeutet, dass wir jeden Monat eine verkaufen mussten. Das heißt für den Verkäufer, dass er das Gerät nicht nur anbieten muss, sondern auch die Sekretärin überzeugen darf, dass es sich nicht um eine komplizierte neumodische Apparatur, sondern vielmehr um ein Hilfsmittel zur Arbeitserleichterung handelt, welches obendrein auch noch ihren Status gegenüber ihren Kolleginnen verbessert. Sollte dies endlich geschafft sein, verkauft er noch den Schulungskurs. Da dieser jedoch in keinem vernünftigen Verhältnis zum Preis des Gerätes steht, macht er die Schulung lieber gleich selbst. Endergebnis: Der Verkäufer hat für einen Umsatz von vielleicht 1 000 bis 3 500 Euro stundenlang beim Kunden gesessen. Auch wenn es heute nicht mehr die Schreibmaschine ist, so gibt es doch noch Unternehmen, die ihren Verkäufern solche „ertragreichen" Zusatzverkäufe zumuten. Damals habe ich jedenfalls beschlossen, mindestens einmal im Monat einen Neukunden mit meinem Geschenk zu beglücken, denn wenn ich etwas verschenke, erwartet wohl niemand noch eine zusätzliche kostenlose Schulung!?

Natürlich sollen Sie jetzt nicht mit den großen Geschenktüten zu Ihren Kunden laufen. Doch überlegen auch Sie einmal:

> *Gibt es noch etwas – außer Allerweltsrabatt – wodurch ich einen neuen Kunden gewinnen kann?*

Alles inklusive?

Selbstverständlich können Sie auch Dinge, die normalerweise ohne Aufpreis geliefert werden oder im Kaufpreis enthalten sind, zum Extra erklären. Damit haben Sie die Möglichkeit, einen Nachlass einzuräumen, ohne dass Sie oder Ihr Unternehmen Schaden nehmen. Es ist grundsätzlich wichtig, Verhandlungsmasse zu schaffen.

Die einzige Schwierigkeit, die sich hieraus ergibt, ist jedoch, dass Sie dem Kunden diesen Extrapreis zunächst einmal berechnen müssen, bevor Sie ihn großzügiger Weise wieder streichen. Diese

Sonderberechnungen sollten sich deshalb in einem angemessenen Rahmen halten. Sonst könnte der Kunde auf die Idee kommen, er solle übervorteilt werden. Erfahrungsgemäß sind hier bis zu fünf Prozent des Kaufpreises angebracht.

So können Sie beispielsweise die Einweisung in ein technisch kompliziertes Geräte vorerst als Sonderleistung berechnen und dem Kunden dann als Ermäßigung wieder in Abzug bringen. Das können Sie übrigens auch als Zugeständnis von Ihrem Gesprächspartner verlangen, wenn dieser einen Abschlag fordert. „Gut, Herr Kunde, Sie bekommen die drei Prozent. Dafür fällt dann allerdings die Unterweisung Ihrer Angestellten weg." Also:

> *Keine Konzession ohne Gegenkonzession!*

Viel zu viele Dinge sind für den Kunden selbstverständlich geworden. Da rechnet ein Kunde dem Verkäufer vor, dass er seine Büromöbel zum gleichen Preis im Versandhandel bestellen kann. Wenn er hier jedoch nicht für eine bestimmte Summe bestellt, sieht es mit Rabatten schlecht aus. Also muss der Verkäufer herhalten und mit Prozenten rüberkommen. Das macht dieser auch gerne und ist sogar noch froh, dass er die Möbel für weniger Geld auch noch aufbauen darf, anstatt sie dem Kunden einfach hinzustellen. Das wären dann wenigstens annähernd gleiche Bedingungen.

> *Vergleichen Sie nicht nur den nackten Preis und den Produktnutzen eines anderen Angebots, sondern auch die Rahmenbedingungen.*

Es gibt mit Sicherheit genügend Vorzüge, die Ihr Unternehmen in dieser Beziehung zu bieten hat. Schreiben Sie sie doch einfach einmal auf und verwenden Sie sie für Ihre Argumentation oder Ihre „Zusatzpreisliste". Es ist immer ratsam, sich einige dieser Vorteile bei jeder Verhandlung in Reserve zu halten.

Kurz nach Beginn meines Verkäuferlebens verhandelte ich mit dem Inhaber einer Verlagsgesellschaft. Es ging um drei Kopierautomaten, die angemietet werden sollten. Nichts Außergewöhnliches, aber immerhin drei Geräte auf einen Streich. Für mich war von Anfang an ausnahmslos jeder Vertrag wichtig. Es gab bei mir niemals eine Einteilung in Klein und Groß, Gut und Schlecht. Bei mir ging es anfangs nach Stück. Und wenn ich hiervon nämlich genug machte, müssten große Aufträge irgendwann automatisch dabei sein. Das war überhaupt nicht anders denkbar!

Der Verlag war im Besitz von drei Kleinkopierern, die, wohlwollend ausgedrückt, platt waren. Wie Sie wissen, ist es mit Kunden im Allgemeinen so, dass ihnen ihre alten Gebrauchsgegenstände so sehr ans Herz gewachsen sind, dass sie den Trennungsschmerz nur gegen sehr viel Geld, sprich Inzahlungnahme, verwinden können. Manche sind wenigstens fair und sagen das zu Beginn einer Verhandlung. Andere wiederum rücken erst damit heraus, wenn sie eh schon ganz gut verhandelt haben. So war es dann auch mit meinem Verhandlungspartner in diesem Verlag.

Kunde: „Ach, Herr Sickel. Bevor ich es vergesse. (Heuchler, du hast die ganze Zeit an nichts anderes gedacht.) Wir haben ja noch die drei alten Kopierer. Nehmen Sie die irgendwie in Zahlung?"

Ich: „Hm. Normalerweise nicht. Haben Sie keine Außenstelle, die diese Geräte noch nutzen kann?"

Kunde: „Nein. Deren Maschinen sind alle noch gut in Schuss."

Ich: „Wie wäre es, wenn Sie die Kopierer gegen eine Spendenquittung einer Schule oder einem Kindergarten vermachen?"

Kunde: „Also das ist nun wirklich zu aufwändig. Meinen Sie nicht auch?"

Ich: „Na ja. Wie würde für Sie denn eine akzeptable Inzahlungnahme aussehen?"

Kunde: „Ich kenne Ihre Möglichkeiten ja nicht."

Ich: „Im Grunde genommen haben wir keine Möglichkeiten. Das einzige, was ich Ihnen noch anbieten kann, sind drei Unterschränke für die Geräte. Da kostet das Stück normalerweise 160 Euro. Sie erhalten sie kostenlos dazu. Das entspricht einem Gesamtwert von 480 Euro"

Kunde: „Gut, Herr Sickel. Damit kann ich leben."

Glücklicherweise hatte ich dem Kunden nicht erzählt, dass die Schränke im Mietpreis enthalten sind. Damals allerdings nicht aus taktischen Erwägungen, sondern weil ich es einfach vergessen hatte. Bei dieser Gelegenheit fiel mir zum ersten Mal auf, dass es wesentlich gewiefter ist, nicht sein ganzes Pulver am Anfang zu verschießen. Dieser glückliche Zufall ließ mich von jetzt an immer etwas vergessen, dass ich mir für alle Fälle in petto hielt.

Machen Sie es spannend!

Selbstverständlich kann auch der Preisnachlass an sich ein durchaus attraktiver Anreiz für den Kunden sein. Er sollte jedoch nicht einfach so verschenkt, sondern entsprechend verpackt werden. Denn jemand, der mit Prozenten nur so um sich schmeißt, verliert nicht nur an Glaubwürdigkeit, sondern vermittelt dem Kunden auch den Eindruck, dass an seiner Ware oder seinem Angebot etwas nicht stimmen kann. Mir persönlich wird jedenfalls immer ein wenig unbehaglich, wenn mir mein Verhandlungspartner sehr schnell und vor allem zu viel Nachlass gewähren will. Ich frage mich dann sofort: „Wovon, also auf welchen Preis, bekomme ich denn den Rabatt überhaupt?"

Damit der Kunde stets den Eindruck hat, dass wir für ihn zwar kämpfen wie die Löwen, aber jedes Entgegenkommen, und sei es auch noch so klein, ein großes, wirklich großes Opfer für uns darstellt, gibt es die Schwierigkeitstechnik. Wie der Name schon sagt, es wird sehr, sehr schwierig.

Mein damaliger Kollege Harry hatte einen wirklich, sagen wir mal, entschlusslosen Kunden, was allerdings noch wohlwollend ausgedrückt ist. Dieser hatte einen kleinen Zeitschriftenverlag in der Kölner Innenstadt. Harry hatte es nach einem Jahr immerhin geschafft, den Kunden, nennen wir ihn Herrn T, davon zu überzeugen, dass die Entfernung von seiner Firma bis zu unseren Schauraum, nämlich genau 800 Meter, wohl nicht das größte Hindernis für eine Geschäftsbeziehung darstellen könne. Das lag, wie gesagt, nicht an Harry, sondern am Temperament des Kunden. Mein Kollege bat mich nun, gewissermaßen als „Komplize" an der Verhandlung teilzunehmen. Zumal ich Herrn T von einem gemeinsamen Besuch her kannte.

Der Kunde hatte kein dringliches Problem, das gelöst werden musste. Es ging einfach darum, ob er seine Offsetfolien weiter per Handbetrieb auf seiner „Matrizenschleuder" erstellte oder in Zukunft nur noch den Knopf eines Kopierers drücken musste. Eine Frage der Bequemlichkeit, die vielleicht wichtig, aber nicht unbedingt brennend war.

Herr T kam wie verabredet in unseren Schauraum. Nachdem mein Kollege ihm das Gerät, unter Aufbietung seiner ganzen Verführungskunst, demonstriert und schmackhaft gemacht hatte, galt es, den Kunden nun auch nicht mehr ohne Vertrag zu entlassen. Das wurde ja, nach anderthalbjähriger intensivster Vorbereitungsphase und dem schier unüberwindlichen Kaufpreis von 3 650 Euro auch wirklich langsam Zeit. Als wir später am Verhandlungstisch saßen, fragte ich:

„Herr T, wie Sie sich selbst überzeugen konnten, stellt das Gerät eine große Arbeitserleichterung für Sie dar. Sehe ich das richtig?"

„Ja sicher. Das hatte ich ja schon mit Ihrem Kollegen festgestellt", entgegnete er.

„Natürlich. Ich wollte mich lediglich nochmals vergewissern. Denn Sie sollen ja den größtmöglichen Nutzen durch das Gerät erzielen", fuhr ich fort.

„Nein, nein. Die Maschine wäre schon sehr hilfreich."

„Wie mir mein Kollege erzählte, sind Ihnen die Konditionen ja bekannt, sodass mir nur noch die Frage bleibt: Was können wir noch tun, damit wir hier und heute Freunde werden?"

„Wie ich Ihrem Kollegen schon sagte, die Maschine stellt kein absolutes Muss für mich dar ...", antwortete er.

„Grundsätzlich sind sich Herr T und ich ja auch einig", schaltete sich Harry ein „Es fehlt nur noch a bisserl was. (Harry ist übrigens Österreicher.) Nicht wahr, Herr T?"

„Wenn Sie das so ausdrücken wollen", kommentierte der Kunde.

Daraufhin Harry zu mir: „Herr Sickel, es gab da doch einmal so eine Sonderaktion für dieses Gerät. Ich war zu dieser Zeit in Urlaub, deshalb konnte ich diese Konditionen nicht anbieten."

„Oh!? Das ist immerhin fast vier Wochen her", gab ich zu bedenken.

„Hm. Vielleicht können Sie ja einmal mit Herrn Pilgerstorfer, unserem Niederlassungsleiter, sprechen?", fragte mich mein Kollege mit hoffnungsvoller Miene. „Sie haben doch ein ganz gutes Verhältnis zu ihm."

„Wäre es in Ihrem Sinn, wenn ich einmal nachfrage, ob diese Konditionen heute noch möglich sind?", erkundigte ich mich bei Herrn T.

„Ja natürlich. Da bin ich jetzt aber gespannt."

„Gut, dann schaue ich einmal, was wir tun können."

Endlich konnte ich meine wohlverdiente Pause einlegen. Die für eine solche Unterredung angemessenen zehn Minuten nutzte ich, um mich angeregt mit meiner Lieblingssekretärin zu unterhalten. Danach konnte ich Herrn T freudestrahlend mitteilen, dass sich Herr Pilgerstorfer, aufgrund des Firmenjubiläums der Firma T, welches glücklicherweise in dieser Zeit war, bereit erklärt hatte, diese Sonderkonditionen zu gewähren. Diese Ausnahme entsprach einem Nachlass von 250 Euro und veranlasste den Kunden, das Gerät zu kaufen. Sie sehen, so einfach kann das Schwierige sein.

Natürlich können Sie diese Technik auch direkt beim Kunden anwenden. Versichern Sie sich jedoch immer, dass Ihr Gesprächspartner keine Einwände gegen eine telefonische Rücksprache hat. Es zeugt nicht unbedingt von einfühlsamem Verhandlungsgeschick, wenn Sie praktisch über den Kopf des anderen hinweg irgendwelche Nachlässe für ihn aushandeln, die ihn dann gar nicht interessieren, weil er heute sowieso nicht kaufen wollte.

Verwenden Sie zum Beispiel Formulierungen wie:

- „Ist es in Ihrem Sinne, dass ...?"
- „Spricht etwas dagegen, dass ...?"

Diese Fragen dienen gleichzeitig als Kontrollfrage für die Kaufbereitschaft des Kunden. Wenn Ihr Gegenüber keine Einwände hat, stehen Ihre Chancen gut. Sollte er Ihnen mit „Das ist nicht nötig" oder „Das brauchen Sie nicht extra" antworten, müssen Sie noch ein wenig „bohren", um herauszufinden, was denn noch dagegen spricht.

Grundsätzlich spielt es keine Rolle, mit wem Sie telefonieren, ob es sich um einen Kollegen oder wirklich um Ihren Chef handelt. Allerdings sollte schon jeder Mitarbeiter über die Möglichkeit solcher Anrufe informiert sein, denn wenn ein Kunde auf die Idee kommt, die Mithörtaste an seinem Telefon zu drücken, sehen Sie im Zweifelsfall ziemlich alt aus. Dann könnten Sie beispielsweise folgende Antworten erhalten: „Was? Wie? Sag mal, spinnst du?" (Alles schon passiert.)

Wenn Ihre Kollegen in dieser Beziehung fit sind, betätigen Sie selbst die Mithörtaste, um dem Kunden zu zeigen, dass Sie nichts zu verheimlichen haben. Ihr Gesprächspartner am anderen Ende der Leitung kann dann noch einmal verdeutlichen, dass es sehr schwierig wird, dem Kunden die Sonderkonditionen noch einzuräumen, dass man selbstverständlich alles versuchen werde, aber, wenn überhaupt, dann müsste der unterschriebene Vertrag heute noch an die Geschäftsführung gefaxt werden. Den Höhepunkt der Glaubwürdigkeit setzen Sie dann, indem Sie dem Kunden schriftlich zusichern, dass der Vertrag nur zustande kommt, wenn er zu diesen Konditionen abgesegnet wird.

Manche Verkäufer führen solche Telefonate lieber vom Auto aus oder fragen den Kunden, wo sie ungestört telefonieren können. Merkwürdig! Von den Kunden wünschen sie sich Offenheit, und selber lassen sie den Eindruck entstehen, dass sie etwas zu verbergen hätten ...!?

> *Verkäufer sind immer auch Vermittler zwischen Kunde und Unternehmen. Für beide müssen sie die bestmöglichen Konditionen aushandeln. Das ist kein Widerspruch. Das ist Verkaufen!*

Ich habe die persönliche Erfahrung gemacht, dass die Preisverhandlung schon viel früher anfängt, nämlich bei der Akquisition.

Erfolg steigt dem zu Kopf, der dafür einen Hohlraum hat

Zu Beginn meines Verkäuferlebens hatte ich sehr viel Glück, was mich zu der Annahme verleitete, über außerordentliche Fähigkeit zu verfügen. Deshalb befand ich eines Tages, dass diese ganze Akquisetätigkeit viel zu profan für mich sei. Kurzum: Ich fing an zu schludern und kümmerte mich gar nicht mehr um mein Neukundengeschäft. Das ging natürlich nur eine gewisse Zeit gut. Irgendwann fehlt auch den „Auserkorenen" der Nachschub. Nachdem ich mich lange genug bewundert und als Teufelskerl betrachtet hatte, fand mein Glücksrittertum sein jähes Ende in einem Umsatzloch. Es nutzte mir nichts, mich auf meine früheren Erfolge zu besinnen. Erklären Sie mal einem Hungernden, er möge sich daran erinnern, wie satt er doch nach seiner letzten Mahlzeit war.

In diesen Tagen bekam ich sehr deutlich zu spüren, dass es einen riesigen Unterschied ausmacht, ob man mit drei Kunden am Tag einen Abschlusstermin vereinbart oder einen Kunden dreimal täglich enerviert, um ihn zu einem solchen zu bewegen. Und dieser Termin wurde – sofern er stattfand – dann auch noch verpatzt, weil mein Selbstvertrauen auf einem derart niederschmetternden Niveau angelangt war, das ich vorher nicht einmal vom Hörensagen kannte. Das drückte sich natürlich auch in meinem Verhältnis zu unseren Preisen aus. Zuvor hatte ich mit unserer Preisgestaltung ein außerordentlich gutes Auskommen, was sich jetzt aber schlagartig änderte.

Ich versuchte bei den wenigen Vertragsgesprächen, die ich in dieser Zeit hatte, gar nicht erst, meinen Preis zu realisieren. Im Gegenteil. Jedem Kunden signalisierte ich sofort grünes Licht für Rabatte oder Zusatzleistungen jeglicher Art, soweit sie in meinem Kompetenzbereich lagen. Heute, wenn ich in ruhigen Stunden über meine Sünden nachdenke, frage ich mich manchmal, ob die Kunden mich damals überhaupt noch ernst genommen haben? Zu allem Überfluss – wie ich zunächst dachte – bekam ich deswegen vom zuvor erwähnten Herrn Pilgerstorfer eine „Bergpredigt" gehalten, die mich in Erwägung ziehen ließ, mein Ränzel zu schnüren und mir Arbeit zu suchen, für die ich taugte. Die Wirkung der Pilgerstorferschen Ansprache ließ dann allerdings ein paar Tage später nach.

Ich wachte nämlich auf! Ich versuchte nicht mehr, mich zu motivieren, indem ich mich auf die vergangenen Erfolge besann, sondern darauf, was ich getan hatte, um überhaupt erfolgreich zu werden. Diese Überlegungen brachten mich zu der Erkenntnis, dass nichts so alt ist wie der Umsatz von gestern. In dem Moment, wo ein Kunde einen Auftrag unterschreibt, ist dieser schon Geschichte. Geschichte aber muss man machen, sie passiert nicht einfach so. Es sei denn, sie ist unbedeutend. Also entschloss ich mich, es einmal mit konsequentem Arbeiten zu versuchen. Denn was passiert, wenn ein Verkäufer kontinuierlich und selbstdiszipliniert arbeitet? Er hat Erfolg!

Nach etwa sechs Wochen hatte sich mein Normalzustand wieder eingestellt, und der hat, jedenfalls in dieser Beziehung, bis heute angehalten. Sicher, einige Tiefschläge hat jeder zu verkraften, aber man muss diese ja nicht noch forcieren, indem man tatenlos danebensteht.

Auch in vermeintlich guten Zeiten ist es also wichtig, genügend Polster – sprich Optionen – aufzubauen, damit man weich fällt, wenn ein Kunde einmal abspringt.

> *Damit Ihre Umsatzkurve nicht zur Berg- und Talfahrt wird, sorgen Sie bitte besonders in umsatzstarken Phasen dafür, dass Sie genügend Polster haben.*

Wir alle neigen gerne dazu, uns auf unserem Erfolg auszuruhen und sind dann ganz erstaunt, wenn plötzlich nichts mehr läuft. Aus dem Motivationsloch, in das man unweigerlich fällt, wieder herauszufinden, kostet wesentlich mehr Energie, als einen solchen Absturz von vornherein zu verhüten. Es heißt übrigens Polster, um bei einem Absturz weich zu fallen, nicht um sich darauf auszuruhen!

Wenn ich heute daran denke, mit welchen ausgefeilten Formulierungen und beeindruckenden Argumenten ich in dieser Zeit versuchte, die Kunden von meinem Angebot zu überzeugen, so verspüre ich immer noch ein leichtes Kratzen an meinem Selbstbewusstsein:

- „Ich habe die Preise nicht gemacht." (Sie identifizieren sich wohl nicht allzu sehr mit Ihrem Angebot?)
- „Kostet nur ..." (Versandhaustaktik.)
- „Qualität hat eben ihren Preis." (Qualität setzt der Kunde voraus.)
- „Wir haben schließlich auch unsere Kosten." (Ist wohl schon das unterste Niveau. Kosten hat der Kunde auch.)
- „Das ist wirklich nicht zu teuer." (Dann kaufen Sie wenigstens aus Mitleid. Schnief!)

Meine frühere Ausstrahlung war dahin, und da unsere Kunden feinfühliger sind, als man annehmen möchte, merken sie auch das. Überlegen Sie bitte einmal: In jedem Unternehmen sind normalerweise „Nachttischlampen" genug beschäftigt. Jetzt kommt noch so ein erfolgloser Verkäufer und bettelt um Umsatz. Es ist nun einmal so: *Kunden kaufen lieber bei den Erfolgreichen!*

Wenn Sie genügend Chancen haben, wird es Ihnen kaum etwas ausmachen, auch einmal eine Absage zu bekommen. Es sind ja noch genügend andere da. Das bedeutet jedoch nicht, dass Sie sich nicht mehr um jeden einzelnen Kunden bemühen oder vom Salamander zum kundenreißenden Alligator mutieren sollen. Der Kunde sollte jedoch spüren, dass Sie nicht unbedingt unter Verkaufsdruck stehen.

Also: Je mehr kontinuierliche Akquisition, desto mehr Termine. Das wiederum bedeutet mehr Abschlüsse, aus denen sich eine stärkere Motivation und größere Ausstrahlung ergeben, mit denen die Chancen wesentlich steigen, dass Sie einen höheren Preis durchsetzen können. All dies geht natürlich mit dem Vorteil einher, dass Sie sich immer im oberen Drittel der Verkäuferrangliste Ihres Unternehmens wiederfinden werden.

Ihr Talent ist (nur) Assistent

Mittlerweile werden Sie wohl bemerkt haben, dass Verkaufen weniger mit Talent zu tun hat, als allgemein angenommen wird. Sollten Sie jedoch mehr Begabungen mit auf den Weg bekommen haben als andere, dann finden Sie sich bitte damit ab, dass Ihnen diese rein gar nichts nützen werden, wenn Sie sie überbewerten. Solche Talente können im Verkauf lediglich als Unterstützung dienen. Betrachten Sie Ihre besonderen Fähigkeiten als Assistenten, die besser im Hintergrund für Sie arbeiten. Wenn Sie nämlich ausschließlich darauf Ihren Erfolg aufbauen wollen, werden Sie sehr bald feststellen, dass es weit mehr als nur Talent braucht, um diesen Beruf erfolgreich auszuüben.

Wenn Sie sympathisch aussehen, freuen Sie sich. Wenn Sie sich besonders gut ausdrücken können, freuen Sie sich noch mehr. Sollte man Sie sogar als Persönlichkeit betrachten, jubeln Sie. Doch vergessen Sie bitte niemals, dass überdurchschnittlicher Erfolg – bis auf sehr wenige Ausnahmen – ausschließlich auf einem außergewöhnlichen Arbeitseinsatz beruht.

Sollten Sie sich Bücher von erfolgereichen Verkäufern zulegen und deren Porträts anschauen oder die „Ahnengalerie" der Spitzenverkäufer Ihrer Firma betrachten, so werden Sie eines – wahrscheinlich ganz erstaunt und ungläubig – feststellen: „Das sind ja ganz normale Menschen!?"

> In unserem Team hatten wir seinerzeit einen Kollegen namens Kluge. Hieraus allerdings Rückschlüssel auf seine geistigen Kapazitäten zu ziehen, wäre ein fataler Fehler gewesen. Auch löste seine Erscheinung nicht unbedingt den dringenden Wunsch aus, ihn näher kennen lernen zu wollen. Seine Brillengläser hatten früher wohl einmal als Flaschenböden gedient, und die Windschutzscheibe seines Autos war mit Sicherheit eine Sonderanfertigung der Firma Rodenstock.
>
> Das alles war Kollege Kluge durchaus bewusst, und deshalb arbeitete er immer ein Tick mehr als alle anderen. Er war nämlich der Meinung, dass er die ihm fehlenden Assistenten hierdurch kompensieren könne. So war es – zu unserem Leidwesen – dann auch. Er machte in seinem Landgebiet mehr Umsatz als wir auf unseren städtischen Erbhöfen. Irgendwann wurde er uns dann zu allem Überfluss noch als „Sinnbild verkäuferischer Tugenden" präsentiert.

Sollten Sie also über mehr Talente als andere verfügen, pflegen und hüten Sie sie! Versuchen Sie jedoch nicht, ausschließlich darauf Ihren Erfolg aufzubauen. Denn wenn Sie das tun, werden Sie „in Schönheit sterben".

Das Flohmarkt-Syndrom

Sie sollten ab und zu auch einmal einen Blick über den Gartenzaun wagen, denn ein Preisvergleich mit anderen Anbietern kann durchaus eine Orientierungshilfe darstellen. Allzu oft dienen solche Vergleiche jedoch einmal mehr dazu, die eigene „Preisangst" zu vertuschen bzw. wenig geschickt von ihr abzulenken.

> Vor einigen Jahren erhielt ich den Auftrag, eine neue Vertriebsabteilung für eine Firma aufzubauen. Diese Abteilung bestand aus acht Verkäufern, die nun versuchten, sich vertrieblich zu profilieren. Einer dieser Herren empfand es als ungemein geschäftsfördernd, Anzeigen der Mitbewerber zu sammeln und mir diese jeden Morgen auf den Schreibtisch zu legen. Es diente jedoch nicht, wie ich zunächst irrtümlich annahm, zu Informationszwecken, sondern es sollte viel mehr bezwecken. Dieser Kollege wollte mir den Grund liefern, warum er sich außerstande sah, einen einigermaßen akzeptablen Umsatz zu erbringen. Kurz: Wir waren *viel zu teuer!* Auch die Tatsache, dass „viel zu teuer" in diesem Fall lediglich einem Preisunterschied von 0,5 bis 1,5 Prozent entsprach, ließ ihn nicht müde werden, unsere anscheinend völlig verfehlte Preispolitik täglich aufs Neue anzuprangern.

> Ich bin im Allgemeinen ein geduldiger Mensch. Irgendwann hat jedoch alles seine Grenzen erreicht. Nicht nur, dass mein Arbeitszimmer mittlerweile den Anschein erweckte, ich würde Industriespionage betreiben, sondern es stand auch zu befürchten, dass sich diese Krankheit unter den übrigen Mitarbeitern breit machen würde. Was bisher kein Problem darstellte, konnte ja durchaus noch eines werden, wenn man es den Leuten nur lange genug einredete.

> Also ging ich eines Morgens zur Geschäftsführung. Allerdings nicht, um mir den Segen für einen Rausschmiss dieses Kollegen einzuholen. Ich handelte vielmehr Sonderkonditionen für meinen „Liebling" aus. Mit der Begründung, er möge den Beweis erbringen, dass seine Theorie zutraf, durfte er nun einen Monat lang je-

dem Kunden einen Nachlass von bis zu 15 Prozent auf alle Produkte einräumen, sofern er hierfür eine Notwendigkeit sah.

Meine anfänglichen Bedenken, hierdurch den Unmut der übrigen Truppe auf mich zu ziehen, erwiesen sich glücklicherweise als unbegründet. Um es vorwegzunehmen: Die Notwendigkeit, einen Abschlag zu gewähren, sah er bei jedem Kunden.

Nach vier Wochen konnten wir gemeinsam das folgende traurige Ergebnis feststellen:

- Sein Bruttoumsatz verringerte sich drastisch.
- Es gelang ihm nicht, mit den niedrigeren Preisen höhere Stückzahlen zu erbringen.
- Diese sanken nämlich auch – und das nicht zu knapp.

Dieses Beispiel bestätigt nochmals, dass der Verkaufserfolg nicht ausschließlich vom Preis abhängt. Im Gegenteil: Wenn ein Verkäufer ausschließlich über den Preis verkauft, wird er wohl schwerlich auf die Idee kommen, noch einen weiteren Nutzen zu entwickeln. Sein einziger Nutzen ist der niedrige Preis. Sollte der Kunde das Produkt zufällig brauchen, hat der Verkäufer Pech und Glück gleichzeitig. Warum? *Pech*, weil der Kunde, wenn er die Ware wirklich benötigt, auch einen höheren Preis akzeptiert hätte. Unser Mann hatte jedoch nur seinen niedrigeren Preis, den er für den höchstmöglichen Nutzen hielt. *Glück*, weil er nicht noch mehr Nachlass geben muss, denn wenn außer dem Preis kein anderer Nutzen deutlich wird, so ist das Produkt im Grunde ja nutzlos. Nutzlose Dinge werden im Allgemeinen jedoch höchstens aus einer Laune heraus gekauft, aber auch nur dann, wenn sie zu einem wirklich niedrigen Preis zu haben sind. Das nennt man dann das Flohmarkt-Syndrom.

Es erklärt auch, warum der Kollege nach dem Motto „Freie Fahrt für freie Bürger" bei einer Verhandlung nochmals 20 Prozent Rabatt gewährte, um bei dem Kunden überhaupt etwas loszuschlagen. Dieser Preis war dann aber schon unterhalb des Einkaufspreises, was für unseren Helden natürlich Konsequenzen hatte, die wir hier nicht näher zu erläutern brauchen.

> *Die innere Einstellung zu Preis und Produkt ist einer der entscheidenden Faktoren für die erfolgreiche Verhandlung.*

Die Preisschminke

Der Preis wird auch gerne einmal „geschminkt" bzw. geschönt. Zum einen, um ihn gegenüber einem anderen Angebot zu relativieren, zum anderen, um dem Kunden die Kaufentscheidung zu erleichtern. In beiden Fällen wird er in Bezug zu einer anderen Größe, wie beispielsweise der Lebensdauer oder den Kundenkontakten, gesetzt. Sehen wir uns ein Beispiel an:

> Angenommen, Sie verkaufen Zeitungsanzeigen: Eine Anzeige in Ihrem Blatt kostet 5 000 Euro. Die gleiche Anzeige würde bei Ihrem Mitbewerber mit 3 500 Euro zu Buche schlagen. Ihre Zeitung hat jedoch eine Auflage von 100 000 Exemplaren, wohingegen die Auflage der anderen Zeitung lediglich 40 000 beträgt. Also kostet der „Kundenkontakt" bei Ihnen 0,05 Euro gegenüber 0,09 Euro bei Ihrem Konkurrenten. In der Relation sind Sie preiswerter, zudem wohl außer Frage steht, dass mit Ihrer zunächst teuer erscheinenden Anzeige zweieinhalb Mal größere Aussichten bestehen, den gewünschten Effekt zu erzielen. Wenn Sie jetzt noch den Gesamtpreis der „günstigeren" Anzeige in Bezug zu Ihrer Leserzahl hochrechneten, so würden Sie und Ihr Kunde feststellen, dass er bei der anderen Zeitung für die gleiche Leistung 5 400 Euro mehr hinblättern muss. Anders ausgedrückt: Sie reden über 25 Prozent Mehrkosten.

Nicht nur im Geschäfts-, sondern auch im Privatkundenbereich ist Preisschminke ein probates Mittel, um Preise zu entschärfen oder vergleichbarer zu machen, wenn es sinnvoll erscheint. Bei

Wohnungen wird in Quadratmeter gerechnet, Autos kosten pro Kilometer, eine Flasche Shampoo kostet nicht mehr 14 Euro, sondern 30 Cent pro Haarwäsche, und bei Kopierern wird der Kopienpreis berechnet.

Ob Sie nun grundsätzlich und bei jedem Kunden den Preis schönen wollen, bleibt Ihnen überlassen. Sie sollten jedoch wissen, dass diese Taktik auch nach hinten losgehen kann:

- „Die Versicherung kostet Sie nur 1 Euro am Tag."
- „Was? Das sind ja 365 Euro im Jahr. Das ist aber teuer!"

Überlegen Sie also bitte vorher, in welchen Fällen es ratsam ist, den Preis zu schminken.

Das Kontrastprinzip

Eine ganz andere Methode, den Preis zu relativieren, stammt von meinem Freund und Kollegen Sepp Rocholz. Diese Vorgehensweise hätte er sich, sofern überhaupt möglich, noch nicht einmal patentieren lassen müssen, da sie – von jedem anderen angewendet – wenigstens zu einem achtkantigen Rausschmiss mit nachfolgendem Beschwerdebrief geführt hätte. Zunächst muss ich Ihnen allerdings eine Kurzbeschreibung dieses Kollegen abgeben, da Sie mir ansonsten nicht glauben werden:

> Sepp ist eine Frohnatur. Ob er jemals ein Verkaufstraining besucht hat, ist nicht bekannt. Auch beschränken sich seine Produktkenntnisse auf das Nötigste. Was er jedoch in aller höchster Perfektion und beneidenswerter Art beherrscht, ist der Umgang mit Menschen. Ich habe niemals wieder jemanden kennen gelernt, der in dieser Beziehung so einmalig war. Aus diesem Grund kannte er in Köln und Umgebung auch „Gott und die Welt", und alle Menschen kannten ihn.
>
> Wen sollte es da wundern, dass er das Wort Akquisition nicht einmal buchstabieren konnte. Sein Geschäft lief ausschließlich

über seine guten Kontakte. Da wir damals im Großraumbüro arbeiteten und jeder mitbekam, was der andere so trieb, hielt natürlich die ganze Geschäftsstelle den Atem an, wenn Onkel Sepp zum Hörer griff, ohne dass vorher sein Telefon geklingelt hatte. Dann hätten wir nämlich vermuten können, er würde vielleicht einmal Neukunden akquirieren, und das wäre nun wirklich ein epochales Ereignis gewesen. Leider beschränken sich solche Telefonate auf Privates, sodass es im Bereich Neukundenkontakt à la Sepp nichts zu lernen gab.

Da auch solche Ausnahmeverkäufer von Umsatzflauten nicht verschont bleiben, antwortete er auf die eindringliche Frage unseres Verkaufsleiters nach Umsatz: „Tja. Wat soll isch da sajen? Isch hab den janzen Daach (Tag) am Telefon jesessen. Dä Christian hier kann dat bezeujen: Et hat niemand anjerufen." Über seine Kunden sagte er immer: „Allet meine Fründe" (Freunde), und so redete er dann auch mit jedem von ihnen.

Eines Morgens fragte er mich, ob ich Lust hätte, ihn zu einem seiner Aspiranten zu begleiten. Da es mit ihm beim Kunden oft sehr spaßig wurde, fuhr ich selbstverständlich mit. Seiner Auskunft nach hatte der Kunde das Angebot nun lange genug „auswendisch jelernt" und es wurde Zeit, ihn langsam zum Unterschreiben zu bewegen.

Als wir später im Büro des Kunden saßen, holte dieser nochmals das Angebot hervor, schaute S. nachdenklich an, blickte besonders kritisch auf das Blatt mit den Preisen und sagte:

„Also, Herr R, Ihr Angebot über den Kopierer ist ein wenig happig. Finden Sie nicht aus?"

„Wie? Happisch?", fragte Sepp erstaunt.

„Na ja, teuer eben."

„Wat? 30 000 Euro für den Kopierer, teuer? Überläjen se doch ma, wat heute en Lokomotiv kostet!"

Nach einer Ewigkeit der Stille kam der Kunde nicht umhin, vor Lachen laut loszuprusten. Und mit den Worten: „Da haben Sie auch wieder Recht", kaufte er das Gerät.

> Sie sehen, so kann man den Preis auch relativieren. Allerdings nur, wenn man Sepp R. heißt.

Diese Art Schocktherapie nennt sich übrigens Kontrastprinzip. Sie wird normalerweise anders angewendet als in unserem Beispiel, es besteht jedoch eine gewisse Ähnlichkeit.

Wieso, meinen Sie, verzeichnen manche Kollegen großartige Erfolge, wenn es beispielsweise um Zusatzverkäufe geht? Stellen Sie sich vor, Sie wollen sich einen Wintermantel kaufen. Ihre Preisvorstellung liegt bei rund 400 Euro, was für einen guten Mantel wohl auch angebracht ist. Sie haben das ideale Stück gefunden. Der Verkäufer zeigt Ihnen dazu – wie zufällig – noch einen passenden Schal. Dieser ist zum Spottpreis von 150 Euro zu haben und gibt Ihnen und Ihrem Mantel überhaupt erst den richtigen Schliff. Auch wenn Sie normalerweise nie auf die Idee kommen würden, so viel Geld für einen Schal auszugeben – heute tun Sie es. Denn im Vergleich zu 400 Euro für den Mantel ist der Schal wohl schon geschenkt. Finden Sie nicht auch?

Ein ehemaliger Kollege interpretierte dieses Prinzip folgendermaßen: Zunächst bot er dem Kunden bewusst ein Produkt an, das seine finanziellen Möglichkeiten bzw. Vorstellungen um 30 bis 40 Prozent überstieg, um ihm dann das eigentlich vorgesehene Gerät zu verkaufen. Da war so mancher Kunde froh, dass er noch einmal mit einem blauen Auge davongekommen war.

Meine Welt ist diese Art des Verkaufens nicht. Sollten Sie jedoch ein Fan dieser Methode sein, dann vergewissern Sie sich bitte, dass das preiswertere Produkt seinen Zweck auch erfüllt. Es wird nämlich von keinem Kunden mit Anhänglichkeit honoriert, wenn Sie ihm nur eine Notlösung verkaufen.

Einer unserer damaligen Chefs, Thomas Schuppner, brachte die Sache mit dem ganzen Preisgehabe einmal auf den Punkt: „Eigentlich will der Kunde ja nur ein Stück Brot als Entgegenkommen." Kollege Schuppner hatte sich vom Verkäufer zum Niederlassungsleiter hochgearbeitet. Sie können also einmal davon ausgehen, dass er wusste, wovon er redet. Meine Erfahrungen in dieser Beziehung sind auch nicht anders. In der Regel kann man einen kleinen Nachlass als eine Art Belohnung sehen, die der Kunde bekommt, weil er bei uns kauft. Zu einfach? Ich habe mir angewöhnt, die Dinge einfach zu sehen. Das macht dem Kunden die Entscheidung – und mir das Leben – leichter.

Sonderangebot oder Kultpreis?

Warum glauben Sie, funktioniert beispielsweise das Hochpreisen im Zeitalter des „aufgeklärten Kunden" immer noch so hervorragend? Den meisten Kunden geht es gar nicht um den Kaufpreis an sich. Es sei denn, er liegt deutlich über ihren finanziellen Möglichkeiten. Vielmehr geht es um einen Anerkennungsbonus oder die Illusion, ein Schnäppchen gemacht zu haben. Beides steigert nämlich das Selbstwertgefühl.

Da rennen zahllose Leute jedem Sonderangebot hinterher, auch wenn es im Grunde überhaupt keines ist. Auf eine Anzeige: „Unser Angebot heute: Polstergarnituren 600 Euro", werden Sie nur eine mäßige Reaktion erwarten können. Sollten Sie jedoch folgendermaßen werben: „Polstergarnituren 750 Euro anstatt 1 000 Euro – Sie sparen 250 Euro" wird Ihnen schon eher die Bude eingerannt.

Da kann der Kunde dann seinem Nachbarn erzählen, dass er 250 Euro gespart hat. Dass er die Möbel zum regulären Preis erstanden hat, ist überhaupt nicht interessant. So ist das in der freien Marktwirtschaft. Jeder kann Preise machen, (fast) wie er Lust und Laune hat.

> Vor ein paar Jahren verhandelte ich mit einem Geschäftsmann, der sich für ein digitales Diktiersystem interessierte. Diese Systeme stellen eine ausgesprochene Arbeitserleichterung dar, kosten aber auch einiges. Das gesamte Büro wird hiermit vernetzt, und im ganzen Haus bedarf es keinerlei Bänder mehr. Alles wird digi-

tal aufgezeichnet. Die üblichen Geräte werden überflüssig. Diktiert wird über das Telefon. Wenn Ihnen beispielsweise abends um 22 Uhr in Übersee einfällt, dass Sie einen dringenden Brief diktieren müssen, rufen Sie im Büro an. Der Text wird dann gespeichert und landet am nächsten Tag in einer Warteschleife für das Schreibbüro. Ein paar Stunden später ist er fix und fertig geschrieben. Das war damals nur einer der Vorteile des Systems.

Das Büro dieses Kunden erinnerte mehr an das des Präsidenten der Vereinigten Staaten, allein der Schreibtisch war ungefähr so lang wie die 5th Avenue. Die Gegenstände hierauf sahen allerdings nicht so aus, als ob sie irgendeinen praktischen Nutzen hätten. Auch ansonsten konnte ich nichts entdecken, das irgendetwas mit Arbeit zu tun gehabt hätte. Überhaupt glich der ganze Raum mehr einer Kulisse für den Film „Die Rockefeller Saga". Alle Gegenstände erweckten den Anschein, dass sie ausschließlich zum Anschauen oder Spielen erschaffen worden wären.

Bei diesem Kunden war die Devise einfach: Je teurer, desto besser. Im Laufe unseres Gespräches dachte ich mir, dass es nicht schaden könnte, ihm etwas zu zeigen. Ich nahm eines unserer Handdiktiergeräte, das ich stets bei mir hatte, aus meiner Tasche. Denn wenn schon die Winzlinge eine hervorragende Qualität aufweisen, lässt das durchaus auch Rückschlüsse auf die Güte der großen Systeme zu.

„Das sieht aber toll aus!", war die begeisterte Reaktion des Kunden.

„Nicht nur das. Es ist auch recht leistungsfähig", versicherte ich ihm.

„Wie viel kostet denn so ein Schmuckstück?"

„In dieser Ausstattung 620 Euro", antwortete ich.

„Dann machen Sie bitte mal einen Vertrag fertig. So etwas fehlte mir nämlich noch in meiner Sammlung."

Ich bin auch heute noch der Überzeugung, dass der Kunde nicht gekauft hätte, wenn ich ihm den regulären Preis von 520 Euro genannt hätte. Ebenso wäre es völlig sinnlos gewesen, den Kunden

> zu fragen, was ihm das Gerät denn wert wäre. Bei diesen Leuten steigt der Wert einer Sache mit dem Preis. Hätte mein Angebot 820 Euro gelautet, wäre es auch gut gewesen. Allerdings muss ich dazu sagen, dass man dem Kunden die Differenz nach dem Kauf in irgendeiner Form gutschreiben muss!

Mit einer solchen Aktion hat übrigens schon vor Jahren ein für sein vorbildliches Design bekannter Rasierapparatehersteller gearbeitet. Als sich ein Modell einmal nicht wie geplant verkaufte, wurde einfach der Preis dem Nobelimage „angepasst", sprich drastisch erhöht. Fortan konnte man sich eines blühenden Umsatzes erfreuen ...

Sie sehen, für den einen erhöht sich sein Selbstwertgefühl, wenn er erzählen kann: „Das habe ich besonders günstig bekommen." Gerade so, als ob er jemanden kennen würde, der nur ihm die Sachen preiswert besorgt. Sein Gesprächspartner kennt solche Personen logischerweise nicht, was ihn in dieser Beziehung alt aussehen lässt. Auch wird gerne davon berichtet, wie klug und zäh man doch verhandelt hat: „Oder glauben Sie etwa, ich würde mich von einem Verkäufer übers Ohr hauen lassen?" (Schaut alle her, was für ein toller Hecht ich bin.) Andere wiederum versuchen ihr Ansehen dadurch zu steigern, dass sie mit gönnerhafter Miene durchblicken lassen: „Solche Dinge haben selbstverständlich ihren Preis." Das also kann sich nicht jeder leisten.

Oftmals wird davon ausgegangen, dass – besonders im Privatkundenbereich – die letztere Käuferschicht seltener ist. Das hat sich schon lange geändert. Der Kunde ist in vielen Fällen, besonders durch die Werbung, schon so „vorprogrammiert", dass er lieber etwas Teueres kauft und sich hierfür in anderen Dingen einschränkt, gänzlich auf sie verzichtet oder Abstriche macht: „Die Uhr von Chopard, die Suppe von Aldi." Es liegt also am Verkäufer, den Kunden davon zu überzeugen (sofern die Notwendigkeit überhaupt noch besteht), dass es durchaus sinnvoller ist, ein Bedürfnis durch ein hochwertiges Produkt vollends zu befriedigen, als mehrere gleichzeitig mit Halbheiten.

Machen Sie Umsatz um *wirklich* jeden Preis?

Schnellere Geschäfte über den Preis?

Die Annahme, Sie würden mehr und schneller verkaufen, wenn der Preis „stimmt", ist so alt und so falsch wie das Verkaufen selbst. Diese Meinung basiert lediglich auf der Tatsache, dass der Kunde eher mal „zu teuer" sagt. Warum sollte er Ihnen auch einreden, dass Sie zu preiswert sind, und sich damit ins eigene Fleisch schneiden? Selbst wenn der Kunde das denkt, wird er Ihr Angebot aus taktischen Gründen immer als teuer bezeichnen.

Ihr Preis ist nicht zu hoch!

Betrachten Sie niemals das Produkt und seinen Preis allein. Denken Sie immer an den Nutzen, den der Kunde durch Ihre Beratung und die Zusammenarbeit mit Ihnen hat. Einen Rabatt bekommt der Kunde überall. Ihren persönlichen Service nicht.

Selbstverständlich sind Sie nicht der Billigste!

Es ist doch völlig normal, dass es „billigere" Angebote gibt. Ihr Unternehmen war nie das „Billigste", ist es nicht und wird es auch nie sein! Bleiben Sie also freundlich und gelassen, wenn der Kunde den Preis eines billigen Jakobs dazu benutzen will, Ihr Angebot zu drücken. Fragen Sie ihn lieber, was ihn an dem „günstigeren" Angebot stört. Irgendwo wird es schon einen Pferdefuß haben, sonst hätte er es ja angenommen.

Warum will der Kunde überhaupt verhandeln?

1. Er hat sich schon für einen anderen Partner entschieden und braucht Ihr günstigeres Angebot, um seinen zukünftigen Lieferanten zu drücken.

Hier haben Sie nichts zu verlieren. Den Auftrag bekommen Sie auch durch einen deftigen Nachlass nicht.

2. Der Kunde ist von Ihnen, dem Produkt und Ihrem Unternehmen überzeugt. Grundsätzlich möchte er bei Ihnen kaufen, er weiß aber nicht, ob Sie ihm schon den besten Preis genannt haben.

In Gedanken hat der Kunde schon bei Ihnen gekauft. Durch einen vorschnell gegebenen Nachlass würden Sie den Kunden nur verunsichern.

3. Der Kunde weiß nicht, bei wem er den größten Wert für sein Geld erhält. Der Preis ist ihm klar, aber der Wert, der dagegen steht, ist ihm noch nicht klar genug.

Besonders in dieser Situation benötigt der Kunde Ihre verkäuferische Unterstützung und keinen Preisnachlass! Dieser würde Ihre Leistung lediglich in Frage stellen und abwerten.

4. Der Erfolg gibt ihm Recht.

Traurig aber wahr. Rund 80 Prozent aller Verkäufer reagieren auf ein „zu teuer" des Kunden mit einem: „Na ja, über den Preis können wir noch reden." Und öffnen somit Tür und Tor für unkontrollierbare Preisnachlässe.

Zeigen Sie niemals als erster Verhandlungsbereitschaft!

Wenn Sie den Preis genannt haben, warten Sie die Reaktion des Kunden ab. Sollte der Kunde einen anderen Preis wollen, wird er es Ihnen schon sagen. Fangen Sie von sich aus an, über den Preis zu diskutieren, steht die weitere Verhandlung auf wackligen Beinen. Sie zeigen hierdurch nicht nur Ihre Unsicherheit, sondern signalisieren dem Kunden auch, dass Sie selbst Ihre Preise nicht so ernst nehmen.

Nennen Sie den Preis ohne Kommentar!

Versuchen Sie nicht, den Kunden durch eine selbst eingebrachte Wertung zu beeinflussen. Häufig klingen solche Kommentare wie Rechtfertigungen. Bei Bemerkungen wie „das ist nicht teuer",

„kostet nur" etc. könnte der Kunde den Eindruck bekommen, dass Sie sich selbst beruhigen bzw. überzeugen müssen.

Und wenn der Kunde nach dem Preis fragt?

Nennen Sie ihn ohne Umschweife! Besonders wenn der Bedarf geklärt ist und der Kunde den Preis wissen möchte, wäre es fatal, herumzudrucksen oder sich in „kostet um die" oder „kostet circa" zu flüchten. Beides signalisiert dem Kunden Unsicherheit, und besonders Circa-Preise laden zum Verhandeln ein. Ist der Bedarf noch nicht geklärt, so nennen Sie den Preis der Grundausstattung, um dem Kunden eine Orientierung zu geben.

Verteidigen Sie niemals Ihren Preis, sondern nur die Differenz!

Wenn Sie sich mit einem „günstigeren" Angebot konfrontiert sehen, verteidigen Sie lediglich die Differenz. Erklären Sie dem Kunden die Mehr-Leistung, die er für den Mehr-Preis erhält. Es wäre naiv zu denken, der Kunde würde den Mehrwert schon selbst erkennen. Hier braucht der Kunde Ihre Hilfe, sonst verzichtet er zu seinem Nachteil wegen eines vermeintlichen Preisvorteils auf zusätzliche Leistungen.

Geht es wirklich um den Preis?

Bevor Sie sich zu irgendwelchen Zugeständnissen hinreißen lassen, sollten Sie den Preis als Entscheidungshürde klar und eindeutig definieren. Es wäre katastrophal, ein Zugeständnis zu machen, bevor alle Einzelheiten des Auftrags im Einvernehmen geklärt wurden. Isolieren Sie das Preisproblem durch die ruhige Frage, ob denn der Preis die einzige Hürde ist, die einer heutigen Entscheidung im Wege steht.

Machen Sie Konzessionen von einer sofortigen Entscheidung abhängig!

Die leider häufig vergessene Kontrollfrage „Wenn wir uns heute über den Preis einigen, erhalte ich dann auch den Auftrag von Ihnen?" ist für Ihren Verkauf von äußerster Wichtigkeit. Nur so können Sie prüfen, wie ernst es der Kunde meint. Machen Sie ein Zugeständnis ohne diese Frage, haben Sie lediglich dazu beigetragen, das Preisniveau in Ihrer gesamten Branche zu drücken. Inwieweit das Ihre Zukunftsperspektive verbessert, ist fraglich. Der Kunde kann den Preis so hinnehmen und damit zur Konkurrenz wandern, um deren Preis nochmals zu drücken. Ob der Kunde aufgrund Ihres Preises bei Ihnen kauft, ist eher fraglich. Sie haben ihm ja gezeigt, dass Sie bei Zugeständnissen nicht geizen. Da kann er ja auch morgen wiederkommen. Oder übermorgen oder nächste Woche ...

Der Preis gilt bis zum Ende des Gespräches!

Führt die Frage nach dem heute erteilten Auftrag nicht zum gewünschten Erfolg, machen Sie Ihrem Kunden bitte klar, dass eventuelle Zugeständnisse nur für die heutige Verhandlung Gültigkeit haben. Ihre besten und entscheidungsfreudigsten Kunden kaufen ja auch sofort zum Angebotspreis. Warum sollten Sie einen Kunden, der sich nicht entscheiden kann, besser behandeln?

Keine Konzession ohne Gegenkonzession!

Verlangen Sie als Gegenleistung für einen Nachlass immer eine kundenseitige Konzession. Eine Anzahlung, eine andere Zahlungsart, Selbstabholer oder dergleichen. Kunden, die bei einer Verhandlung auch Federn lassen mussten, sind oft glücklicher. Ist es für sie zu einfach, bleibt immer ein fader Nachgeschmack. Außerdem könnten sie auch anfangen zu grübeln, ob nicht noch mehr drin gewesen wäre.

Schützen Sie sich vor Verallgemeinerungen!

Oft meinen die Kunden, den Verkäufer mit allgemein dahergeredeten Floskeln verunsichern zu können. Leider haben sie viel zu häufig Erfolg, wenn sie einen Satz wie „Ich habe noch ein besseres Angebot" in die Verhandlung einstreuen. Ohne näher darauf einzugehen, wird das eigene Angebot dann „angepasst". Auch hier ist ein beliebter Satz: „Über den Preis können wir noch reden." Besser wäre es allerdings, einmal nachzufragen, was der Kunde denn genau sagen will:

„Ich habe ...

Hat er wirklich und vor allem von wem?

... ein besseres Angebot."

Was genau ist denn besser? Der Preis? Die Lieferzeit? Die Abnahmemenge? Die Verpackung?

Nur so können Sie der Sache auf den Grund gehen und von einer Preisdebatte wegkommen.

Und wenn es doch der Preis ist?

Angenommen, der Kunde versteht unter einem besseren Angebot einen niedrigeren Preis. Dann können Sie die Situation nutzen, um die Preisvorstellungen des Kunden auszuloten. Fragen Sie ihn einfach, welche Vorstellungen er denn hat, ohne allerdings zu versprechen, seine Forderungen zu erfüllen. Liegen diese weit unter dem Machbaren, können Sie den Kontakt freundlich abbrechen. Wenn Sie hierauf eingehen, schwächen Sie Ihre Position bei anderen potenziellen Kunden. Wenn der vom Kunden genannte Preis im Rahmen Ihres Spielraums liegt, beginnen Sie mit dem Preisgespräch.

Stellen Sie Gegenfragen!

Natürlich haben wir als gut erzogene Mitteleuropäer gelernt, eine Frage nicht mit einer Gegenfrage zu beantworten. Im Verkauf allerdings ist die Gegenfrage ein probates Mittel, um die Motive des Kunden herauszufinden. Selbstredend setzen Sie diese Fragen sparsam ein, damit der Kunde nicht denkt, Sie wollen ihn veralbern. Zum Beispiel:

Kunde:	„Was kostet diese Kaffeemaschine?"
Verkäufer:	„So, wie hier, als kombinierte Kaffee- und Teemaschine einschließlich Warmhalteplatte: 89 Euro."
Kunde:	„Das ist aber teuer."
Verkäufer:	„Teuer? Im Vergleich wozu, bitte?"
Kunde:	„Mein Nachbar hat für seine Maschine nur 69 Euro bezahlt."

Da Sie nun wissen, warum der Kunde das Gerät als zu teuer empfindet, können Sie gezielt argumentieren und die Vorteile Ihres Produkts herausstellen. Versuchen Sie gelegentlich einen mutigen Vorstoß!

Ein erfolgreicher Verkäufer, der in der Lastwagenbranche verkauft, wagt bei verfrühten Preisfragen des Kunden manchmal einen mutigen Vorstoß. Er beantwortet die Frage nicht, sondern sagt in aller Ruhe: „Der Kaufpreis, über den wir hier sprechen, ist aus Ihrer Warte die falsche Problemstellung, Herr Dr. Schlebusch …!" Danach schweigt er und schaut dem Kunden fest in die Augen. Wenn der Kunde ihn dann fragt, wer von beiden wohl verrückt geworden ist, erklärt er in aller Seelenruhe, dass Abschreibung und Zinsen nur einen geringen Prozentsatz der Betriebskosten ausmachen, und zwar im Vergleich zu den Ausgaben für Benzin und Fahrerlöhne. Diese werden jedoch pro gefahrenen Kilometer durch das sparsame Triebwerk und den europaweiten Sofort-Kundendienst reduziert. So setzt er den Anschaffungspreis in Relation zu den Betriebskosten.

Wirtschaftlichkeit ist ungleich niedriger Anschaffungspreis.

Verkleinern Sie den Preis optisch!

Eine weitere Methode, den Preis optisch zu verkleinern, besteht darin, ihn in Relation beispielsweise zur Zeit zu setzen:

- „Sie bekommen auf unseren Rasierer in Luxusausführung drei Jahre Garantie. Und das bei einem Preis von 79 Euro. Sie bekommen demnach Ihre tägliche Rasur für 7 Cent innerhalb dieser drei Jahre."
- „Der Inhalt dieser Kurpackung zum Preis von 19,80 Euro reicht für zehn Wochen. Mit anderen Worten: Sie erhalten eine zehnwöchige Schlankheitskur für 28 Cent am Tag."

Versuchen Sie bitte, Beispiele aus Ihrer eigenen Praxis zu formulieren. Es lohnt sich immer, den Preis schmackhafter für den Kunden zu machen.

Vermeiden Sie Kostenformulierungen!

Allein das Wort „Kosten" kann so manchen Kunden auf die Palme treiben. Überall und an jeder Ecke lauern Kosten. Heiz-, Betriebs-, Fahrt-, Mietkosten. Die Liste der Kosten ist fast unerschöpflich. Die Krönung der Wortschöpfungen stellt das Wort Unkosten dar. Davon abgesehen, dass es dieses Wort aus betriebswirtschaftlicher Sicht nicht gibt, ist seine Bedeutung unklar. Denn was sollen Un-Kosten sein? Unmögliche, unerschwingliche oder vielleicht unerhörte Kosten? Kommen Sie Ihren Kunden doch mit freundlichen Formulierungen entgegen. Oder soll er sich nicht bei Ihnen wohlfühlen? Benutzen Sie, anstatt „kostet", positive Formulierungen wie:

- „... liefern wir Ihnen für ..."
- „... erhalten Sie für ..."
- „... bekommen Sie für ..."
- „... stellen wir Ihnen funktionsbereit für ... zur Verfügung."

Schaffen Sie Verhandlungsmasse!

Bevor Sie sich in einer Verhandlung dazu hinreißen lassen, Ihren Nachlasskoffer weiter zu öffnen, als eigentlich nötig, überlegen Sie lieber, was Sie ihm anstelle des üblichen Rabatts geben können. Denken Sie einmal darüber nach, welche Zusatzleistungen Ihr Kunde bis heute völlig kostenlos bekommt, und nehmen Sie diese in Ihr Angebot mit auf. So können Dinge, die Ihr Unternehmen wenig kosten, für den Kunden wertvoll sein. Je nach Branche können Sie beispielsweise anstatt eines Nachlasses die kostenlose Einweisung des Personals anbieten. Sie können dem Kunden – als Entgegenkommen – für die ersten drei Inspektionen seines PKWs kostenlos einen Mietwagen zur Verfügung stellen.

Jedenfalls werden Sie sich wundern, mit wie wenig der Normalkunde zufrieden ist. Die meisten Kunden sind nicht auf großartige Preiszugeständnisse aus. Sie wollen sich verstanden und wohl fühlen. Und letztendlich nur ein kleines Dankeschön in Form einer besonderen Anerkennung.

Bereiten Sie sich vor!

Eine herausragende Eigenschaft von Verkäufern, die einen angemessenen Preis durchsetzen, ist die Vorbereitung. Legen auch Sie zunächst einmal fest, wie die unterste Preisgrenze aussieht, bei der Sie aus der Verhandlung aussteigen. Diese Bereitschaft müssen Sie übrigens immer haben. Sie brauchen nicht um jeden Preis zu verkaufen. Danach legen Sie fest, welche möglichen Konzessionen es gibt, und zwar

auf Kundenseite:

- größere Abnahmemenge
- weitere Produkte
- Abruf-Auftrag
- technische Alternative

- Vollreferenz
- Empfehlung
- einfachere Verpackung
- etc.

auf unserer Seite:
- Sonder-Nettopreis
- Paket-Preis
- Naturalrabatt
- Leistungen o. B.
- Lieferbedingungen
- Zahlungsbedingungen
- Boni
- etc.

Legen Sie Positionen fest

Ein ebenfalls sehr erfolgreiches Mittel, das Sie bei Preisverhandlungen für sich nutzen können, ergibt sich aus der Tatsache, dass Menschen, wenn sie einmal einen Standpunkt bezogen haben, hiervon nicht so schnell wieder abweichen. Diesen behalten sie auch dann noch bei, wenn sie später einen Pferdefuß an der Sache entdecken sollten. Andernfalls würden sie ja ihr Gesicht verlieren. Es hat nun einmal nicht jeder Mensch die Einstellung Konrad Adenauers, der auf die Frage eines Reporters: „Herr Adenauer. Hatten Sie vor ein paar Wochen nicht noch eine ganz andere Ansicht hierzu?" antwortete: „Was interessiert mich mein Geschwätz von gestern?"

In punkto Preisverhandlung können wir hingegen froh sein, dass der überwiegende Teil unserer Mitmenschen auf ihrem Standpunkt, sofern einmal bezogen, beharrt. Wie aber bringen Sie jetzt den Kunden dazu, Stellung zu beziehen? Im Laufe einer Verhandlung stellt jeder Kunde irgendwann die Frage: „Was kostet das genau?" Auf diese Frage habe ich meinen Gesprächspartnern zunächst einen „kleineren Vortrag" über meine Einstellung gehalten.

- „Sehen Sie, Herr Kunde. Jetzt kommen wir an meinen persönlichen Schwachpunkt. Ich feilsche nämlich nicht gerne. Ich verstehe natürlich, dass Sie sichergehen wollen, nicht übervorteilt zu werden. Wenn ich mir jedoch vorstelle, wir würden uns wie die Bürstenbinder auf einem orientalischen Markt um jeden Pfennig streiten ... Das passt gar nicht zu unserer westeuropäischen Geschäftstüchtigkeit. Was meinen Sie?"
- „Ja. Das kann man wohl sagen."
- „Ich mache Ihnen folgenden Vorschlag. Ich rechne Ihren Preis aus, und Sie sagen mir, ob Sie das Gerät hierfür kaufen. Ist das o.k.?"

Oder:

- „Ich mache Ihnen folgenden Vorschlag. Ich rechne Ihren Preis aus, und Sie sagen mir, zu welchem Preis Sie kaufen. Aber bitte, es muss natürlich in einem realistischen Rahmen bleiben. Sind Sie einverstanden?"

Ich habe sehr wenige Kunden erlebt, die diesen Vorschlag nicht angenommen haben. (Dieses „Modell" sollte natürlich nur angewendet werden, wenn keine Einkäufer an der Verhandlung teilnehmen.)

Der Kunde teilt durch seine Zustimmung ja den Standpunkt, dass wir das Feilschen anderen überlassen sollten. Was soll er also machen? Wenn er den Preis so nicht akzeptiert, dann können Sie fragen, was (wie viel) denn noch geändert werden muss. Sie werden sich wundern, wie bescheiden die Leute plötzlich werden. Schlagartig sind sie sehr schweigsam und drucksen rum. Sie trauen sich einfach nicht mehr, nach einem großartigen Nachlass zu fragen. Häufig geht es dann sogar so weit, dass der Kunde den Verkäufer fragt: „Na ja. Was meinen Sie denn?"

Jetzt können Sie bequem Ihre Zusatzleistungen, die Sie ab heute ja gesondert berechnen wollten, in die Verhandlung einfließen lassen. Sozusagen als das Stück Brot, das wir schon erwähnt hatten. Ein weiterer Vorteil ist, dass Sie keine weitere Abschlussfrage zu stellen brauchen. Haben Sie sich über den Preis geeinigt, dann legen Sie schnurstracks die Verträge auf den Tisch, denn mit der Klärung des Preises ist gleichzeitig die Kaufentscheidung gefallen. Sie hatten den Kunden ja gefragt, zu welchem Preis er kauft, und nicht, ob er überhaupt kauft.

Erfüllen Sie Ihren Auftrag

Selbst wenn mich so mancher Verkaufskollege gerne für meine Ansicht steinigen würde, ich bin der Meinung, dass den Verkäufern in nicht wenigen Unternehmen viel zu viel Handlungsfreiraum bei Preisverhandlungen gegeben wird. Bei wirklich wichtigen Dingen, wenn der Kunde beispielsweise eine Reklamation hat, ist der Spielraum hingegen null. Das lässt vermuten, dass hier wieder reingeholt werden muss, was bei der Verhandlung unnötigerweise zum Fenster hinausgeworfen wurde. Es scheint überhaupt nicht üblich zu sein, die Vertriebsmitarbeiter einmal über den Begriff Deckungsbeitrag aufzuklären. Allerdings habe ich bei manchen Unternehmern den Verdacht, dass sie da selbst ein wenig im Dunklen tappen.

Wen sollte es da wundern, wenn teilweise nicht einmal mehr der Versuch gemacht wird, einen auch nur einigermaßen profitablen Preis durchzusetzen. „Hauptsache, erst einmal verkauft" ist die Parole. Am Ende wundern sich dann alle, warum das Unternehmen trotz der hohen Umsätze schließt, entlässt oder sonstige Maßnahmen ergreift, um zu überleben. Oder was glauben Sie, wohin solche abenteuerlichen Verfahrensweisen führen? Daran sind übrigens auch schon große Unternehmen gescheitert oder gerade mal an einer Katastrophe vorbeigeschlittert.

Merkwürdigerweise setzen Verkäufer, die kaum Zugeständnisse machen können, ihre Preise durch; wohingegen diejenigen, die bei Verhandlungen Narrenfreiheit genießen, aus dem Vollen schöpfen.

Sie können sich jetzt selbstverständlich fragen: „Was habe ich denn davon, einen höheren Preis durchzusetzen?"

Zunächst haben Sie sich bewiesen, dass Sie *verkaufen* können und nicht durch jeden x-beliebigen Studenten ersetzbar sind. Etwas verschenken kann nämlich jeder, und Studenten nehmen hierfür lediglich 7,50 Euro die Stunde. Weiterhin können Sie einmal davon ausgehen, dass Ihnen Ihre Kunden *Respekt* entgegenbringen und Sie nicht als Pausenclown abtun. Die hohe Wertschätzung Ihrer Gesprächspartner können Sie sich jedoch nur verdienen, indem Sie „hart, aber herzlich" verhandeln. Allerdings kann es auch einmal nötig sein, dass Sie Ihre Verkäufermappe von sich aus zuklappen, wenn es Ihnen zu bunt wird.

Ich arbeitete vor Jahren in einem Unternehmen, bei dem die Verkäufer eigenständig bis zu 20 Prozent Nachlass geben konnten. Die Auswirkungen waren, wie konnte es anders sein, verheerend: Kostete ein Gerät 10 000 Euro, so wurden vorweg schon einmal 2 000 Euro „Angst oder Verhandlungsvereinfachungsrabatt" abgezogen, womit sich selbstredend der gesamte Spielraum erledigt hatte. Die Hoffnung, dass der Kunde bei einem solch günstigen Angebot gar nicht umhin könnte sofort zuzugreifen, erfüllte sich nie.

Der Gesprächspartner wusste ja nicht, dass er schon 2 000 Euro gespart hatte, ohne überhaupt den Mund aufzumachen. In dieser Unkenntnis wagte er es jetzt, zur Entrüstung des Verkäufers, auch noch danach zu fragen, was am Preis denn so zu machen wäre? Manche Kunden sind aber auch unverschämt! Was nun? ... Der Verkäufer kann seinem Verhandlungspartner jetzt natürlich erklären, dass das Angebot schon einen Abschlag beinhaltet. Dann sollte er jedoch, sozusagen als flankierende Maßnahme, den Fluchtweg des Gebäudes kennen. Niemand wird ihm glauben, und das Gespräch findet ein jähes Ende.

Einen Nachlass kann er auch nicht mehr geben. Oder doch? Jetzt wird aus der gut gemeinten Absicht, dem Verkäufer mehr Spielraum zu ermöglichen, ein Minusgeschäft. Will der Verkäufer den Auftrag haben, so muss er sich etwas einfallen lassen. Wie dieses Etwas auch aussehen mag, es wird immer dem eigenen Unternehmen schaden. Und das kann wohl kaum der Auftrag eines Verkäufers sein!

Da diese überschussträchtigen Geschäfte langsam ausuferten, wurde von der Geschäftsführung, gewissermaßen als Hochpreisverkaufsmotivation, folgende Regelung eingeführt:

Für jeden Prozentpunkt Rabatt, den ein Verkäufer nicht gab, bekam er 25 Prozent des sich hieraus ergebenden Geldwertes als Zusatzprovision. Wenn also bei einem Kaufpreis von beispielsweise 20 000 Euro lediglich fünf, statt der damals „handelsüblichen" 20 Prozent Nachlass durchgesetzt würden, so hätte sich das mit 250 Euro auf der Provisionsabrechnung des betreffenden Verkäufers bemerkbar gemacht.

Jeder Mitarbeiter, der im Verkauf tätig ist, ist von seinem Unternehmen beauftragt, die vorgegebenen Produkte zu einem profitablen Preis „an den Mann zu bringen", damit die Firma einen Gewinn erwirtschaften kann. In diesem Beispiel hatte das Unternehmen darauf vertraut, dass seine Mitarbeiter verantwortungsbewusst handeln und den möglichen Verhandlungsspielraum nur ausnutzen, wenn es unbedingt nötig ist.

Verkäufer, die nicht in der Lage sind, mit dem ihnen entgegengebrachten Vertrauen vernünftig umzugehen, sollten sich einmal bewusst machen, worin ihre Aufgabe eigentlich besteht. Sie haben dem Kunden, dem eigenen Unternehmen und schließlich sich selbst gegenüber eine Verantwortung, die ihnen auch niemand abnehmen kann:

- Dem Kunden gegenüber, weil er nur von einem starken Partner einen dauerhaften und vorzüglichen Service erwarten kann, was durch gewinnlosen Verkauf jedoch unmöglich ist.
- Dem Unternehmen gegenüber, weil es ihnen Vertrauen entgegenbringt und auf sie baut.
- Sich selbst gegenüber, sofern sie ihren Beruf ernst nehmen und den Anspruch haben, ihn verantwortungsbewusst auszuüben.

Besonders heute im Zeitalter der Gig-Mentalität gibt es immer wieder Ansätze und Vorschläge, dem Verkäufer mehr Spielraum und Kompetenz einzuräumen. Ich persönlich befürworte dies sehr, wenn es um berechtigte Reklamationen geht. Nicht hingegen, wenn es wieder einmal darum geht, über den Preis zu verkaufen.

Das Wichtigste zu Thema Preis

- Ob das Verhältnis zwischen Preis und Nutzen bzw. Bedürfnisbefriedigung ausgewogen ist, entscheidet der Kunde.
- Ob Sie Ihren Preis durchsetzen, hängt wesentlich von Ihrer inneren Einstellung ab. Stehen Sie also zu Ihren Preisen und Ihren Produkten.
- Verschonen Sie Ihre Kundenkartei mit Menschen, die alle Vorteile für sich verbuchen wollen.
- Seien Sie großzügig gegenüber Kunden (Service), Kollegen und Mitbewerbern.
- Machen Sie einzigartige Angebote.
- Machen Sie keine Konzession ohne Gegenkonzession.
- Machen Sie sich Ihre Rahmenbedingungen zunutze.
- Sehen Sie sich als Vermittler zwischen Kunde und Unternehmen.

- Jeder Vertrag ist für Sie wichtig.
- Akquirieren Sie – besonders in guten Zeiten – intensiv.
- Talent ist keine Grundvoraussetzung, um ein erfolgreicher Verkäufer zu werden.
- Lassen Sie Ihre Talente im Hintergrund für Sie arbeiten.
- Verdienen Sie sich den Respekt Ihrer Kunden.
- Es gibt viele Möglichkeiten, Ihre Preisverhandlungen einfacher zu gestalten. Probieren Sie sie aus!
- Erfüllen Sie Ihren Auftrag!

8. Ein Zweifel kommt selten allein – So machen Sie das Beste aus Einwänden

Im Laufe jedes Verkaufsgespräches wird der Kunde irgendwann Bedenken gegen Ihr Produkt, Ihr Unternehmen, den Preis, die Lieferzeit oder Ähnliches vorbringen. Wie sich das äußert, haben wir alle schon erlebt: zu teuer, zu billig (gab es auch schon), zu früh, zu spät, zu klein, zu groß, haben wir, kennen wir, brauchen wir nicht. Nein und nochmals nein!

Gehen Sie ruhig einmal davon aus, dass der Kunde auf seinem, nicht aber auf Ihrem Gebiet Fachmann ist. Deshalb möchte er verständlicherweise sicherstellen, dass er die richtige Wahl trifft und den Kauf nicht bereuen muss. Hierdurch zeigt er gleichzeitig auch sein Interesse an Ihrem Angebot. Oder machen Sie sich Gedanken über Dinge, die Ihnen gleichgültig sind? Sollte seine Entscheidung nicht nur ihn, sondern auch Mitarbeiter oder andere Abteilungen betreffen, so möchte er für seine Entscheidung selbstverständlich gelobt und nicht getadelt werden. Es kann auch vorkommen, dass Ihr Kunde keine Entscheidungsbefugnis hat, sich aber keine Blöße geben will. Also wird er immer neue Ausflüchte erfinden. Hierbei handelt es sich dann um Vorwände, die bestens dazu geeignet sind, den Verkäufer an den Rand der Verzweiflung zu bringen. Natürlich können die Bedenken des Kunden auch auf einem Missverständnis beruhen. Eine weitere Möglichkeit ist, dass der Einwand von einer Meinung, die der Käufer sich irgendwann einmal gebildet hat, herrührt. Sie sehen, die Ursachen sind vielfältig, wohingegen das Ziel eines Einwandes meiner Ansicht nach immer dasselbe ist: Selbstschutz.

> *Bei Einwänden geht es grundsätzlich darum, sich selbst, seine Zeit, seinen Geldbeutel zu schützen oder seine Meinung zu verteidigen, aber keinesfalls darum, den Verkäufer oder sein Produkt anzugreifen.*

Daran gibt es wohl auch nichts auszusetzen. Jeder Kunde hat das Recht, sich dahingehend abzusichern, dass er für sein Geld den höchstmöglichen Gegenwert bzw. den größtmöglichen Nutzen erhält, ihm niemand seine Zeit stiehlt oder ihn in irgendeiner Form bloßstellt. Dafür sorgen Sie selbst ja wohl auch!? Selbst wenn die Art und Weise, wie ein Einwand vorgebracht wird, nicht immer den allgemeinen Regeln von Sitte und Anstand entspricht, so steckt dahinter immer die Absicht, sich selbst zu schützen.

Wenn Sie Psychologie studiert haben sollten und meine Auffassung nicht teilen wollen, dann lassen Sie mich Ihnen dazu sagen, dass es in manchen Fällen nicht wichtig ist, wie die Dinge sind, sondern mit welcher Sichtweise wir zum Erfolg kommen. So, wie wir Einwände sehen, so behandeln wir sie auch. Aus meinem Blickwinkel ist es mir jedenfalls immer gelungen, Verständnis für den Kunden aufzubringen. Anders ist es meiner Meinung nach auch gar nicht möglich, herauszufinden, was es mit dem Einwand auf sich hat. Nur so ist eine Einwandbehandlung erfolgreich. Überdies führt diese Betrachtungsweise dazu, dass sich bei einer Verhandlung niemand angegriffen fühlt.

Es liegt an Ihnen, wie Sie damit umgehen wollen. Um dem Kunden jedoch zu zeigen, dass seine Zweifel unbegründet sind, sollten Sie grundsätzlich *jeden Einwand positiv sehen!* Denn eines dürfte doch wohl klar sein: *Je unsicherer* und *negativer* Sie auf Einwände reagieren, desto *sicherer* wird der Kunde, dass diese berechtigt sind.

Bedenken zerstreuen statt pauschal abfertigen

Also setzen Sie sich am besten hin, schreiben Sie die häufigsten Einwände der Kunden auf, und legen Sie sich eine passgenaue Antwort zurecht. Diese lernen Sie dann auswendig, und Sie sind gegen jegliche Bedenken des Kunden immun. Damit wären wir wieder beim Thema Schauspielerei angelangt. Die Zweifel des Kunden könnten ja von Ihrer Einwandsnorm abweichen, und da dafür kein Text vorgesehen ist, haben Sie nichts „Stimmiges" auf Lager. Der Kunde wird aber noch mehr in seinen Bedenken bestärkt und bemerkt, dass sie nicht wirklich an ihm oder seinem Problem interessiert sind. Es entsteht der Eindruck des „Andrehen-Wollens".

Das gleiche Ergebnis erzielen Sie übrigens auch, wenn Ihre Antworten blitzartig, als hätten Sie den Einwand erwartet, erfolgen. Verständlicherweise wird sich Ihr Gesprächspartner ausblenden, weil er Ihnen nicht mehr recht vertraut. Wenn Ihnen das öfter passiert, werden Sie irgendwann an Ihren Produkten, Preisen oder an sich selbst zweifeln und immer unsicherer werden. Das ist überhaupt nicht nötig!

Es ist durchaus auch möglich, sich unter Zuhilfenahme ausgefeilter rhetorischer Brillanz die Bedenken des Kunden kurzfristig „vom Hals zu schaffen". Der Gesprächspartner wird in eine Ecke bugsiert, aus der er nicht mehr entfliehen kann. Ergebnis: Sie provozieren Vorwände oder der Kunde kauft, um seine Ruhe zu haben, und tritt später vom Vertrag zurück.

Deshalb sollte ein Einwand, wenn möglich, *ganzheitlich betrachtet und der Situation entsprechend behandelt* werden. Dazu ist jedoch eine gewisse „geistige Kompromissbereitschaft" in Verbindung mit der erwähnten positiven Haltung nötig.

Seien Sie also aufgeschlossen, und zeigen Sie wirklich Interesse an Ihrem Kunden. Es wird Ihnen dann nicht nur gelingen, die Einwände zu entkräften, sondern sie sogar zu zerstreuen.

Vorbeugen ist besser als Entkräften

Die sicherste Methode, um manche Einwände gar nicht erst aufkommen zu lassen, ist das Vorbeugen. Jetzt zeigt sich mitunter die Güte Ihrer Bedarfsanalyse. Je mehr Sie beispielsweise in Bezug auf die Handlungsfähigkeit des Kunden klären konnten, desto weniger wird er Ihrem späteren Angebot im Wege stehen. Sie bringen sich damit in die überaus vorteilhafte Lage, vieles von vornherein auf Ihren Verhandlungspartner abstimmen zu können. Beispielsweise wissen Sie,

- wie sich der finanzielle Rahmen gestaltet, und richten Ihr Angebot dahingehend aus, dass ein „zu teuer" ausgeschlossen wird;
- ob der Kunde allein entscheiden kann oder welche Personen noch befragt werden müssen; Sie können sich hierauf einstellen und den Termin mit allen Entscheidungsträgern vereinbaren;
- inwieweit Ihr Gesprächspartner vertraglich noch gebunden ist und können dementsprechend Maßnahmen vorbereiten (Ablösung eines Leasingvertrages usw.);
- ob beispielsweise Punkte wie Zeit, Platz oder Personal eine Rolle spielen und können entsprechende Vorschläge präsentieren.

Sie merken schon: Je mehr Sie bei der Bedarfsanalyse beispielsweise aus dem Bereich Handlungsfähigkeit in Erfahrung bringen können, desto weniger Einwände kommen auf Sie zu.

> *Sammeln Sie die Einwände des Kunden, und prüfen Sie, welche Ursachen bei der Bedarfsanalyse geklärt werden können. Dann können Sie ein entsprechendes Angebot vorbereiten.*

Hierdurch gestalten Sie die Verhandlung für den Kunden und sich einfacher. Zweifel oder Bedenken sind, auch wenn Sie sie positiv betrachten, immer ein Widerstand. Je mehr Reibungspunkte Sie von vornherein ausschalten können, desto weniger Energie müssen Ihre Verhandlungspartner und Sie aufwenden, um das gemeinsame Ziel zu erreichen.

Deshalb sehen manche Verhandlungen für Außenstehende auch aus, als ob der Verkäufer zaubern könnte. Kann er aber nicht! Er macht es seinem Gegenüber und sich leicht, das ist alles!

Beweisen Sie Spürsinn und Feingefühl

Wozu ein Einwand dem Kunden dient, hatten wir ja schon erwähnt. Welche anderen Situationen und Gründe, die den Kunden dazu veranlassen, Bedenken zu haben, gibt es noch außer denen, die sich aus der *Handlungs(un)fähigkeit* ergeben?

Es kann sein, dass Ihr Gesprächspartner grundsätzlich *kein Interesse* an Ihrem Angebot hat, dass er *sonstige Bedenken* beispielsweise an der Produktqualität hat oder dass einfach ein *Missverständnis* vorliegt.

Würden sich Kunden immer klar ausdrücken, wäre es einfach zu erkennen, welchen Einwand sie vorbringen. Bevor Sie also eine Maßnahme ergreifen, um die Bedenken zu zerstreuen, ist es angebracht zu klären, um welchen Einwand es sich überhaupt handelt.

Nachdem der Kunde seine Zweifel geäußert hat, ist es ratsam, *kurz innezuhalten*. Zum einen, um dem Gesprächspartner zu zeigen, dass Sie ihn und seine Bedenken ernst nehmen, zum anderen, um Folgendes zu überlegen:

- Bringt der Kunde tatsächlich einen Einwand vor oder handelt es sich um eine Frage? Wie Sie aus Ihrer eigenen Erfahrung wissen, klingen manche Fragen wie Einwände. Zum Beispiel: „Wird die Lieferung denn auch pünktlich eintreffen?"
- Welcher Einwand wird vorgebracht?
- Habe ich den Einwand richtig verstanden?

Finden Sie durch gezieltes Fragen heraus, welchen Vorbehalt der Kunde hat. Lautet der Vorbehalt Ihres Kunden „Ihre Abnahmemenge ist zu groß", können Sie den Gründen auf die Spur kommen.

Durch Nachfragen können Sie beispielsweise klären, ob

- hierfür keine Lagerkapazität zur Verfügung steht,
- keine ausreichenden Mittel (Geld) vorhanden sind,
- Ihr Gesprächspartner nur bis zu einer bestimmten Summe zeichnungsberechtigt ist.

In diesen Fällen wäre die *Handlungsfähigkeit* Ihres Verhandlungspartners eingeschränkt.

Oder ob

- Ihr Mitbewerber eine kleinere Menge liefern kann. In diesem Fall handelt es sich um *Bedenken*.

Oder ob

- Ihr Kunde grundsätzlich kein *Interesse* hat und die Abnahmemenge als Ausrede benutzt.

Sollte Ihnen Ihr Gesprächspartner auf die Frage: „Welche Abnahmemenge würden Sie akzeptieren?" antworten: „Mein Verfügungsrahmen für dieses Quartal ist erschöpft", können Sie beispielsweise ein Zahlungsziel anbieten.

Eine Frage noch ...

Fragen, die sich auf Liefertreue, Zuverlässigkeit oder Service beziehen, werden nicht unbedingt als Einwand gewertet. Das macht sie besonders tückisch. Erfahrungsgemäß handelt es sich um Befürchtungen, die der Kunde in der Entscheidungsphase hat:

- „Ist die Verfügbarkeit von Ersatzteilen gegeben?"
- „Sind die Geräte dieses Herstellers auch zuverlässig?"
- „Wird Ihr Techniker auch pünktlich sein?"
- „Kann ich mich darauf verlassen?"
- „Geht der Pullover auch wirklich nicht beim Waschen ein?"

Der Kunde möchte beruhigt werden und gleichzeitig eine Art Versicherung erhalten, dass er die richtige Wahl trifft. Ich kann Ihnen nur raten, diese Fragen ernst zu nehmen! Es geht hauptsächlich um das Vertrauen, das dem Kunden eventuell noch zur endgültigen Entscheidung fehlt. Diese Fragen summieren sich im Laufe eines Verkaufsgesprächs. Sollten Sie sie nicht ernst nehmen, wird der Kunde „kein gutes Gefühl im Bauch" haben, und Sie wundern sich später, warum er nicht gekauft hat.

Im schlimmsten Fall hat eine oberflächliche oder gar überhebliche Reaktion auf die geäußerte Befürchtung sogar einen gegenteiligen Effekt. Ein Beispiel:

> Vor ein paar Jahren bin ich dazu übergegangen, meine Autos zu leasen. Mein Steuerberater hatte mich gebeten, ein wenig mehr Ordnung in meine „Autowelt" zu bringen, weil ich die Fahrzeuge mehr so nach Lust und Laune wechselte. Um es kurz zu machen: Ich wählte ein Autohaus in meiner Nähe, von dem ich annahm, dort korrekt bedient zu werden. An sich gab es auch nichts auszusetzen, bis ich eine vielleicht ein wenig naive Frage stellte.
>
> Ich wollte mich lediglich vergewissern, ob der Wagen die Leasingdauer von 36 Monaten denn auch überstehen würde. Meine Zweifel resultierten nicht, wie Sie vielleicht vermuten, aus meiner manchmal „ein wenig beherzten" Fahrweise, sondern aus der hohen jährlichen Laufleistung. Die Antwort des Verkäufers und vor allem die Art, wie er sie vorbrachte, gaben mir das Gefühl, dass ich

- von Autos keine Ahnung,
- nicht genügend Ehrfurcht gegenüber Fahrzeugen deutscher Fertigung und
- wahrscheinlich keine gute Kinderstube genossen habe.

Mit hochgezogener Augenbraue und verächtlichem Unterton in der Stimme antwortete er nur kurz: „Das ist ja wohl kein Thema!"

In der Regel reagiere ich nicht so, aber diese wirklich ärgerliche Antwort verleitete mich zu der Annahme: „Wenn dem so ist, spricht wohl nichts dagegen, die Garantiezeit entsprechend zu verlängern!?" Dies brachte meinen Gesprächspartner in arge Erklärungsnot.

Es gab hier zwar keinen wirklichen Einwand zu zerstreuen, aber eine Antwort, die ein wenig *realistischer* und somit glaubwürdig gewesen wäre, hätte ihren Zweck wohl eher erfüllt. Außerdem ist es weder besonders einfühlsam noch ausgesprochen höflich, einen „Wie können Sie sich erdreisten, eine solche Frage zu stellen?"-Unterton in die Stimme zu legen. Eine Antwort wie: „Wenn Sie alle Inspektionsintervalle berücksichtigen und auch ansonsten pfleglich mit dem Wagen umgehen, steht zu erwarten, dass Sie lange Freude an ihm haben werden" hätte einer glaubwürdigen Einschätzung der Lage wohl eher entsprochen. Im Übrigen wäre dem Kunden auf diesem Wege gleichzeitig verdeutlicht worden, dass auch er bestimmte Regeln befolgen muss, damit eine für beide Seiten zufriedenstellende Partnerschaft entstehen kann.

> *Wenn Sie zu selbstbewusst reagieren, können Sie unbeabsichtigt ein Eigentor schießen, das Sie den Vertrag kostet.*

Ich hatte einmal zwei Kopiergeräte an eine Agentur verkauft. Die Firma benötigte die Maschinen dringend, und meine Verhandlungspartnerin fragte mich – bevor sie den Vertrag unterschrieb – mehrmals, ob der mündlich abgesprochene Liefertermin auch eingehalten werden würde. Ich gab ihr zu verstehen, dass ich mich persönlich darum kümmern würde, um Verzögerungen *weitgehend* auszuschließen. Die Kundin interpretierte das als „garantierte Zusage" und bat mich, den präzisen Liefertermin im Vertrag festzuhalten. Diesen Gefallen wollte ich ihr nun wirklich nicht tun. „Weitgehend" bedeutet nämlich, dass es Dinge gibt, die niemand beeinflussen kann. Oder würden Sie sich für alle Naturkatastrophen dieser Erde verantwortlich machen lassen?

Wenn eine Lieferung nicht zum schriftlich vereinbarten Termin erfolgen kann, interessiert es den Kunden wenig, ob der LKW im Schneesturm steckt, gestreikt wird oder sonstige Heimsuchungen die Liefertreue verhindern. Eines wird er jedoch gewiss: Ärger machen!

Sollten Sie annehmen, ich wäre in dieser Beziehung ein wenig kleinkariert, dann haben Sie es wohl noch nicht erlebt, welche überaus verdrießlichen Maßnahmen ein Kunde ergreifen kann, wenn solche Zusagen nicht eingehalten werden. Ich kann Ihnen versichern, dass es außerordentlich unangenehm ist, einen Vertrag auf diese Art zu verlieren. Sie haben Dinge garantiert, die Sie überhaupt nicht beeinflussen können. Nicht nur Sie büßen den Umsatz und die Provision ein, diese Aktion kostet auch das Unternehmen Geld und ist in höchstem Maße ungeeignet, seinen Ruf zu verbessern.

> *Geben Sie dem Kunden auf seine Frage realistische Antworten, die Sie nicht in Zugzwang bringen. Sonst müssen Sie im schlimmsten Fall Zusagen machen, deren Einhaltung Sie nicht hundertprozentig beeinflussen können.*

Das Auto habe ich damals übrigens gekauft – trotz des Verkäufers. Es hatte mir eben zu gut gefallen. Ein Fehler, wie ich später feststellen musste. Fünf Werkstattaufenthalte in den ersten drei Monaten waren dann wohl doch zu viele Vorschusslorbeeren auf einmal.

Ich melde mich dann bei Ihnen ...

Diese Formulierung ist eine der typischen Kundenaussagen, wenn es dem Verkäufer noch nicht gelungen ist, Interesse an seinem Angebot oder an einem weiterführenden Gespräch zu wecken. Vielfach ist es auch so, dass Verkäufer bei der Terminvereinbarung Versprechungen machen, die sich für den Kunden später als „leeres Geschwätz" entpuppen. In solchen Fällen ist es kaum noch möglich, den Kunden für sich zu gewinnen. Er ist enttäuscht und wird das durch eine recht kurze Abfertigung dokumentieren. Die Ursachen liegen oftmals darin begründet, dass der Verkäufer vorschnell Vorteile oder Nutzen entwickelt hat, die aus seiner Sicht zwar vortrefflich sind, nicht aber aus Kundensicht. Hier bleibt nur eine Möglichkeit, den Bedarf, möglichst unter Zuhilfenahme offener Fragen, neu zu ermitteln. Diese Situation wird leider meist viel zu spät erkannt, sodass das Angebot für den Kunden reizlos wird und das Urteil „uninteressant" erhält. Hieraus resultiert dann das wohlbekannte: „Ich melde mich."

Sollten Sie diese Entwicklung während einer Verhandlung bemerken, kann es sogar ratsam sein, das Gespräch abzubrechen und zu versuchen, es unter neuen Gesichtspunkten fortzuführen. Wenn Sie dem Kunden nämlich weiter einen Vortrag halten, der ihn nicht interessiert, ziehen Sie seinen Unmut auf sich. Sicherlich ist das für jeden Verkäufer nicht nur eine äußerst peinliche, sondern auch eine unberechenbare Situation. Ein Abbruch ist jedoch immer noch besser, als das Prädikat „auf ewig unerwünscht" verliehen zu bekommen.

Auch wenn Sie mit hochrotem Kopf erklären müssen, dass Sie den Bedarf falsch eingeschätzt haben und deshalb um einen neuen Termin bitten, so haben Sie doch wenigstens die Möglichkeit, es beim nächsten Mal besser zu machen. Der Kunde wird sich dann nämlich überlegen, dass Sie zumindest in der Lage sind, Ihre Fehleinschätzung einzugestehen, mitzudenken und über ein brauchbares Maß an Feingefühl verfügen, anstatt Ihr sinnlos gewordenes „Programm" abzuspulen.

Nach dermaßen „vergeigten" Verhandlungen erhöht sich die Gefahr, dass sich der Kunde einem anderen Anbieter zuwendet. Vielleicht hat er vorher ja noch gar nicht daran gedacht. Ihnen ist es zwar nicht gelungen, den Kunden zu überzeugen oder zu begeistern, jedoch haben Sie ihn auf eine Idee gebracht. „Typisch. Jetzt haben wir den Kunden scharf gemacht. Kaufen tut er wieder mal woanders", heißt es dann häufig. Das liegt aber nicht am Kunden, sondern ist meist das Resultat einer falschen bzw. oberflächlichen Bedarfsanalyse, die zur Folge hat, dass man lediglich mit dem Kamm in der Tasche zum Kunden geht. Auf diese Art ist es nun einmal nicht möglich, kundenorientierten Nutzen zu entwickeln und Interesse zu wecken.

Die Entscheidung, ein Gespräch fortzuführen oder abzubrechen, liegt selbstverständlich in Ihrem Ermessen und ist mitunter auch produkt-, lösungs- oder branchenabhängig.

Sollte es Ihnen häufiger passieren, dass Kunden kein Interesse an Ihrem Angebot haben, überlegen Sie bitte einmal, ob es eventuell auch an Ihnen persönlich liegen kann. Manchmal sind es nur Kleinigkeiten im Auftreten oder im Verhalten, die sich störend auswirken. Vielleicht brauchen Sie ja beispielsweise auch nur ein wenig an Ihrer Gesprächseröffnung zu feilen.

Alles Ansichtssache?

Einwände, die auf der Meinung des Kunden beruhen, sind oft der Grund für heftige Streitgespräche. Da der Verlierer immer schon von vornherein feststeht, sollte es tunlichst vermieden werden, sich darauf einzulassen. Wenn Sie mit aller Macht versuchen, den Kunden zu irgendetwas zu bekehren, werden Sie in jedem Fall Schiffbruch erleiden. Da Sie im Auftrag Ihres Unternehmens und nicht als Wanderprediger unterwegs sind, kümmern Sie sich lieber darum, welche Auswirkungen diese Meinung auf Ihr Geschäft haben könnte.

Vielfach handelt es sich auch um Bedenken oder Zweifel, die auf Hörensagen beruhen und nicht durch eigene Erfahrungen begründet sind. Letzteres wäre einfacher zu behandeln, weil es dann um einen konkreten Fall ginge. Gegen Hörensagen etwas zu unternehmen, gestaltet sich da schon schwieriger.

Es kommt auch vor, dass sich der Kunde beispielsweise aus Erzählungen oder der Presse eine Meinung über das Unternehmen des Verkäufers gebildet hat. Meist trifft das den Verkäufer unvorbereitet, es sei denn, er ist Schlagzeilen über seine Firma gewohnt. Hat der Kunde eine Ansicht von Eltern, Nachbarn oder Bekannten übernommen, haben Sie es mit der „allgemeinen Meinung" zu tun. In diesen Fällen können Sie *vorsichtig* versuchen, die Bedenken mit *nachprüfbaren* Beweismitteln auszuräumen. Dies können Statistiken, Referenzen oder Ähnliches sein.

„Im Schadensfall zahlen Versicherungen doch sowieso nie" könnte die Aussage eines Kunden sein, der in seinem Elternhaus nichts anderes gehört hat. Hier können Sie den Kunden überzeugen, indem Sie ihm zu verstehen geben, dass sich die Zeiten ja Gott sei Dank geändert haben (andernfalls würden Sie die kompetente Meinung der Eltern in Frage stellen) und legen entsprechendes Material auf den Tisch. Die Meinung des Kunden hat in diesem Fall nämlich einen *direkten Einfluss* auf das Vertragsergebnis, weil sie den Abschluss einer Versicherung ad absurdum führt. Glaubwürdiger wird Ihr Beweismaterial, wenn es von einem unabhängigen Institut erstellt worden ist. Schöne Broschüren hat nämlich jeder Anbieter, und die Kunden wissen mittlerweile, dass besonders farbig nicht automatisch besonders seriös bedeutet.

Auch eine Pauschalaussage wie beispielsweise „Gerade deshalb ist es wichtig, dass Sie mir einen konkreten Fall nennen" ist eher dazu geeignet, den Kunden bloßzustellen. Er wird wahrscheinlich noch nicht einmal einen solchen Fall kennen. Für Sie bedeutet diese wenig einfühlsame Methode allerdings, dass Sie Ihren Koffer wieder zuklappen können.

Warum reden Sie nicht offen mit den Leuten und schaffen erst einmal das nötige Vertrauen? Bieten Sie Ihrem Kunden Maßnahmen an, die ihm zeigen, dass er auf Sie bauen kann. Wenn er sieht, dass Sie etwas *tun* wollen und können, wird er Ihnen eher vertrauen, als wenn Sie versuchen, ihn mit irgendwelchen Techniken aus der Reserve zu locken. *Helfen* Sie ihm, seine Meinung zu ändern! Sagen Sie von mir aus: „Ich verstehe Ihre Ansicht nur zu gut, und viele Menschen teilen diese Meinung. Andererseits wurde auch seitens der Gesetzgebung sehr viel getan, um den schwarzen Schafen, die hierfür verantwortlich sind, das Handwerk zu legen. Ich habe hier eine aktuelle Statistik, die uns (Gemeinsamkeit schaffen) das verdeutlichen kann ..."

Jeder Mensch – auch Sie und ich – hat sich im Laufe der Zeit über manche Dinge eine Meinung gebildet, von der er gar nicht mehr so recht weiß, woher sie eigentlich stammt. Das beste Beispiel hierfür sind bestimmte Tageszeitungen, die wir offiziell gar nicht lesen, über die wir jedoch eine negative Meinung haben, die wir allerdings nicht begründen können, eben weil wir diese Zeitungen ja nicht lesen.

Es gibt auch Auffassungen, die nur *indirekt* im Widerspruch zum Vertragsergebnis stehen. Angenommen, Sie würden Zeitungsanzeigen verkaufen, und ein Kunde würde folgenden Einwand vorbringen:

- „Also hören Sie mal. Ihre Zeitung ist politisch ja ganz schön kariert angehaucht."

- „Das kann überhaupt nicht sein. Dann müssten unsere zweihunderttausend Leser ja alle die Karierten gewählt haben. Das letzte Wahlergebnis sah da aber ganz anders aus!"

Womit Sie sich schnurstracks auf den Weg zu allem möglichen gemacht hätten, nur nicht zu einem Auftrag. Fühlen Sie sich doch nicht von jeder Aussage des Kunden persönlich angegriffen. In diesem Fall kann Ihnen die Meinung des Kunden doch völlig gleichgültig sein. Soll er sie sich doch einrahmen und damit glücklich werden bis zum Sankt-Nimmerleins-Tag.

Der Sinn einer Anzeige besteht doch darin, möglichst viele Leute auf das Geschäft oder die Firma aufmerksam zu machen, damit sie es besuchen, um zu kaufen, und nicht darin, bestimmte Wählergruppen von ihm fernzuhalten. Genau das können Sie dem Kunden in freundlicher Form auch sagen. Sie lassen den Einwand unangetastet im Raum stehen, erklären ihm, dass Geschäft und Politik zweierlei Dinge sind, und fragen beiläufig: „Sagen Sie bitte, inwieweit beeinflusst das denn den Erfolg Ihrer Anzeige?" In diesem Moment greifen Sie ja nicht seinen Standpunkt an, sondern geben ihm zu verstehen, dass er als Geschäftsmann und Profi wohl über solchen Dingen zu stehen hat. Andernfalls wäre es nämlich besser, er würde seinen Laden dichtmachen.

Dr. Kimble, immer auf der Ausflucht

Teilweise kommt es auch vor, dass eine Meinung mit einem Vorwand verwechselt wird, weil beide eines gemeinsam haben: Es kann nicht sachlich mit ihnen umgegangen werden! Und: Die Herkunft einer Meinung ist meist genauso unbekannt wie die Ursache für einen Vorwand. Um den Kunden nicht bloßzustellen, ihm also keine psychologische Niederlage zuzufügen, sollte also *niemals gegen einen Vorwand argumentiert werden*.

Der Einwand, der auf einer Meinung beruht, kann durch behutsame Überzeugungsarbeit zerstreut werden. Das ist jedoch nur nötig, wenn er *direkten* Einfluss auf das Ergebnis hat. Bei einem Vorwand wird das nie gelingen, da er ausschließlich dazu dient, den wahren Grund zu verbergen.

Wie unterscheiden wir nun zwischen einem wirklichen Einwand und einem Vorwand? Die wohl eleganteste Methode, einen Einwand und einen Vorwand auseinanderzuhalten, ist die durch „Tun wir einmal so" oder auch „Angenommen, dass ..." eingeleitete Frage.

Kunde: „Ihre Lieferzeiten sind zu lang."

Verkäufer: „Angenommen, wir könnten zum gewünschten Zeitpunkt liefern. Würden Sie dann bestellen?"

Kunde: „Ja, dann schon."

In diesem Fall handelt es sich um einen sachlichen Einwand, der durch die entsprechende Lösung ausgeräumt werden kann. Sollte die Antwort jedoch negativ sein, war der Liefertermin ein vorgeschobener Grund. Hier werden Sie nicht umhinkommen, weiter zu forschen, bis Sie das wirkliche Motiv aufgedeckt haben.

Kunde: „Auch bei entsprechender Lieferzeit würde ich Ihnen keinen Auftrag erteilen."

Verkäufer: „Es gibt einen weiteren Grund hierfür?"

Kunde: „Selbstverständlich! Ehrlich gesagt finde ich Ihre Produkte sehr überteuert."

Verkäufer: „Hm. Spekulieren wir einmal, ich könnte Ihnen beweisen, dass dem nicht so ist. Würden Sie unsere Geräte dann einsetzen?"

Kunde: „Dann könnten wir schon eher darüber reden."

Da Sie jetzt den wahren Grund für das „Nein" herausgefunden haben, können Sie Maßnahmen ergreifen, die den Kunden überzeugen.

Sie sehen, wir kommen immer wieder auf die Bedarfsanalyse zurück. Die Ein- bzw. Vorwände Zeit und Geld dürften normalerweise gar nicht vorkommen, da das Angebot durch die exakte Bedarfsermittlung auf die Bedürfnisse des Kunden ausgerichtet sein muss. Hier wird noch einmal deutlich, dass *zwischen Bedarfsanalyse* und *späteren Einwänden* ein direkter Zusammenhang besteht.

Eine Frage, die sich mir immer wieder gestellt hat, ist die, wie lange ein Verkäufer die Vorwandsspielchen der Kunden überhaupt mitmachen soll. Da Sie nicht gegen einen Vorwand argumentieren dürfen, müssen Sie Ihrem Gesprächspartner jede Ausflucht nachsehen und einzeln aus dem Weg räumen, bis er sich geneigt sieht, Ihnen zu sagen, was wirklich los ist.

Ich persönlich kann mit Leuten, die mir nicht sagen wollen oder können, was sie wirklich denken, nicht viel anfangen. Im Gegensatz zu wirklichen Einwänden ist mein Verständnis dahingehend begrenzt, dass ich zwar gerne bereit bin, mich geduldig mit einem Vorwand zu beschäftigen, mich irgendwann jedoch frage: „Was will der Kunde überhaupt?" Entweder ist er zu mir ins Geschäft gekommen oder er hat mir einen Termin eingeräumt. Ergo wird es schon ein Bedürfnis geben, das befriedigt oder vom Verkäufer „entdeckt" werden muss.

Also kann es doch so viele Gründe, die mehrere Vorwände rechtfertigen, gar nicht geben, wie etwa:

- Der Kunde ist handlungsfähig – was nicht geklärt wurde – und wird zum Abschluss gedrängt (häufigste Ursache).
- Es ist nicht gelungen, genügend Interesse zu wecken.
- Der Verkäufer hat kein Interesse an der Situation des Kunden und drängt ihn zum Kauf.
- Der Kunde vertraut dem Verkäufer nicht usw.

Sie sehen, Vorwände beruhen meist auf den Versäumnissen des Verkäufers, woraus Sie durchaus den Schluss ziehen können, dass es sich bei der „Vorwandbehandlung meist um eine Nachbereitung von versäumten Fragen des Verkäufers handelt. Bei anderen Gründen sehe ich keinerlei Veranlassung, meine Zeit über Gebühr zu strapazieren.

Denn eines sollte doch wohl klar sein:

Wenn ein Kunde Ihnen nicht sagen will, was sich hinter seinen Vorwänden wirklich verbirgt, werden Sie es auch unter Zuhilfenahme aller bekannten Techniken nicht herausfinden.

Selbst wenn Sie klären könnten, warum der Kunde immer wieder einen neuen Vorwand hat, steht am Schluss erfahrungsgemäß ein Nein. Na ja. Wenigstens haben jetzt beide etwas davon: Sie wissen, warum, und der Kunde hat festgestellt, dass er vorzüglich mit Ihnen spielen kann. Immerhin!

Seitenweise konstruierte Dialoge, die Ihnen erklären wollen, wie Sie mit Vorwänden umzugehen haben, kommen in der Praxis so ja gar nicht vor. Ein Kunde, der derart viele Vorwände hat, wie oft geschildert wird, hätte Ihnen erst gar keinen Termin gegeben. Meistens geht es um einen Vorwand, der sich dann allerdings sehr hartnäckig halten kann.

Jemand, dem zunächst die Lieferzeit zu lang, dann das Produkt zu groß, später dann doch wieder zu klein und am Schluss sowieso zu teuer ist, wäre in einer Beschäftigungstherapie besser aufgehoben. Lassen Sie sich bitte von solchen Leuten nicht mürbe machen.

Wenn ich mich wirklich veralbert fühlte, habe ich meine Gesprächspartner daran erinnert, dass es sich bei der Verhandlung um ein Gespräch unter Erwachsenen handelt. Was spricht dagegen, beispielsweise einmal höflich zu fragen:

- „Sagen Sie bitte, wenn Ihrer Meinung nach so viel gegen unser Angebot spricht, wieso sitzen wir denn seit einer Stunde hier?"
- „Sagen Sie bitte, warum ich Sie immer wieder anrufen soll, wenn Sie mir sowieso keinen Termin geben?"
- „Ich glaube, dass wir uns ein wenig im Kreis drehen. Sagen Sie bitte, was ist denn nun wirklich los?"
- „Jetzt mal ernsthaft. Woran hapert es denn nun wirklich mit uns?"

Zu direkt? Ich meine nicht. Wie Sie dem Kunden nun klarmachen wollen, dass Sie nicht sein Beschäftigungstherapeut sind, bleibt Ihnen überlassen. Hauptsache, Sie tun es, nachdem Sie endgültig genügend Vorwände sortiert haben. Entweder merkt der Kunde jetzt, dass Sie sich nicht für dumm verkaufen lassen, und rückt mit der Wahrheit heraus. Wenn nicht, muss er damit rechnen, nicht mehr ernst genommen zu werden. Sie haben auf jeden Fall Zeit gespart und können sich ernst zu nehmenden Kunden zuwenden.

Natürlich kann man Dialoge auch von vornherein so gestalten, dass es schwierig wird, Vorwände vorzubringen.

> Ein Pharmareferent hat einem Arzt ein Muster zur Erprobung überlassen. Nach einigen Wochen besucht er ihn, um sich von dem Ergebnis zu überzeugen:
>
> *Pharmareferent:* „Herr Doktor Neumann, da Sie sich über die Wirkung unseres neuen Präparates überzeugen konnten, werden Sie es künftig wohl einsetzen?
>
> *Doktor:* „Nein, ganz bestimmt nicht."
>
> *Pharmareferent:* „Oh, gibt es einen Grund dafür?"
>
> *Doktor:* „Ja, selbstverständlich. Kinder, für die dieses Präparat gedacht ist, bekommen bei der Größe der Tabletten arge Schluckprobleme."
>
> *Pharmareferent:* „Angenommen, Sie könnten auf eine andere Darreichungsform zurückgreifen, würden Sie unser Präparat dann einsetzen?"

Davon abgesehen, dass auch beim Arzt eine Bedarfsanalyse möglich ist, aus der hervorgeht, worauf er besonderen Wert legt, können wir diese Unterhaltung ausdehnen, bis der wirkliche Grund gefunden ist. Das kann zwar ein wenig dauern, aber Sie haben ja Zeit genug, oder nicht? Ach so, der Kunde will „heutzutage" ja umworben werden. Hatte ich vergessen. Wenn Sie darunter natürlich verstehen, ihm jeden Vorwand einzeln aus der Nase ziehen zu wollen, bitte. Nicht dass wir uns missverstehen: Ich habe keinesfalls etwas dagegen, den wirklichen Grund für einen Vorwand zu suchen. Das ist genauso Bestandteil des Verkaufes wie der Vertragsabschluss. Wenn mir jemand jedoch eine Ausrede nach der anderen auftischt, dann muss er sich einen anderen Verkäufer suchen, mit dem er sich amüsieren kann.

Provozieren Sie keine Vorwände

Ich verstehe unter Kundenwerbung also nicht, meinen Verhandlungspartner möglichst feinfühlig seiner Vorwände zu entledigen, sondern ihm zu signalisieren, dass ich bereit bin, für eine Geschäftsbeziehung etwas zu tun. Deshalb kann die Gesprächseröffnung unseres Pharmareferenten nur lauten:

- „Herr Dr. Neumann, Sie haben sich von der Wirkung unseres Präparates überzeugt. Was können meine Firma oder ich noch *tun*, damit Sie es in Zukunft einsetzen?"

Oder:

- „... gibt es noch irgendwelche *Voraussetzungen*, die wir schaffen müssen, bevor Sie es einsetzen?"

Sollte der Kunden Ihnen mit „nichts" oder „nein" antworten, so ist das eine der wenigen Ausnahmen, die eine Zusammenarbeit durch eine abschlägige Antwort beginnen lassen. In diesem Moment bedeutet ein Nein für Sie: Ja. Denn wenn Sie nichts mehr tun können oder keine anderen Voraussetzungen mehr schaffen müssen, steht einer Geschäftsbeziehung ja nichts mehr im Weg. Sie können doch vernünftig mit den Leuten reden!? Selbst wenn der Kunden Ihnen erklärt, dass es noch an diesem oder jedem fehlt, so macht er das von sich aus. Sie haben die Basis für ein offenes Gespräch geschaffen.

Überlegen Sie doch bitte einmal: Wenn Sie versuchen, Ihr Produkt in einem Unternehmen zu platzieren, können Sie nicht immer erwarten, offene Türen einzurennen. Angenommen, Sie hätten mit einem Interessenten einen Kunden besucht, um ihm Ihre Maschine vorzuführen. Ihr Kunde hat bestätigt, dass das Gerät zu seiner vollsten Zufriedenheit arbeitet. Mit einer Frage wie: „Sie haben sich nun von der Güte unseres Produkts überzeugt. Wann sollen wir liefern?" provozieren Sie den Kunden. Selbst wenn der Kunde überzeugt ist und an sich keinen Einwand mehr hat, so wird er Ihnen doch wohl noch die eine oder andere Frage zumuten dürfen!? Auch wenn die Entscheidung höchstwahrscheinlich für Sie ausfällt. Weder damals noch heute haben sich Kunden einfach so überfahren lassen. Ein wenig Eleganz ist im Verkauf ja nicht unbedingt unerwünscht. Setzen Sie also nicht voraus, dass der Kunde bestellt, fragen Sie ihn, *welche Voraussetzungen* noch geschaffen werden müssen: „*Was können wir noch tun*, damit unsere Unternehmen heute Freundschaft schließen?" Hierdurch signalisieren Sie dem Kunden Ihre Handlungsbereitschaft, und das nennt man dann: um den Kunden werben. Nichts anderes!

Setzen Sie nichts voraus. Schaffen Sie Voraussetzungen!

Beim Erstkontakt ist manches anders

Je nachdem, wie Ihnen Ihr Gesprächseinstieg gelungen ist, sind die Einwände in der Akquisitionsphase ein wenig „hemdsärmeliger" auszuräumen. Sie können nicht aus der Sicht des Kunden argumentieren, weil Sie seine Situation nicht kennen. Der Kunde seinerseits kennt Sie und Ihr Anliegen nicht. Deshalb bedeuten die Einwände beim Erstkontakt offensichtlich: „Lass mich in Ruhe!"

Die Lage des Verkäufers ist jetzt natürlich vertrackt. Auch wenn der erste kurze Satz kein Volltreffer war, darf er trotzdem nicht zu viel erzählen, vom Produkt soll er auch nicht reden. Und als ob das nicht schon reichen würde, soll er auch noch allgemein bleiben und trotzdem einen Termin bekommen.

Gut! Wenn Sie feststellen, dass der Gesprächspartner partout nicht will, dann sollten Sie ihn auch nicht weiter behelligen. Stellen Sie eine Weiche, die es ermöglicht, zu einem späteren Zeitpunkt erneut in Kontakt zu treten. Sie können eben nicht erwarten, immer und überall willkommen zu sein, und hartnäckig sollten Sie nur werden, wenn Sie wirklich den Eindruck haben: Hier geht was.

Im Laufe der Zeit haben sich viele hilfreiche Techniken für diese Situation herauskristallisiert. Sie „firmieren" unter den verschiedensten Namen und haben die Titulierung Einwandbehandlung im Grunde nicht einmal verdient, weil sie eher unter dem Aspekt des Überredens zu sehen sind. Leider wird oft vergessen, darauf aufmerksam zu machen.

Ist die Zielsetzung des Gesprächs der Termin, dann können Sie ruhig einmal in Kauf nehmen, den Kunden dazu überredet zu haben, so lange es Ihnen gelingt, dass Sie später beide als Nutznießer den Verhandlungstisch wieder verlassen.

Anderer Gesichtspunkt

- „Wir haben schon einen Lieferanten."
  „Andererseits ist es in unvorhergesehenen Situationen wichtig, eine Alternative/Ergänzung zu kennen."
- „Kein Geld."
  „Andererseits gibt es günstige Finanzierungsmodelle."
- „Kein Interesse."
  „Andererseits können Sie Informationen erhalten, deren Wert Sie jetzt noch nicht abschätzen können."

Bumerang: Zieht das Argument in Zweifel oder gibt es zurück.

- „Keine Zeit."
  „Gerade deshalb rufe ich Sie an. So können wir einen Termin vereinbaren, der Ihnen passt."
- „Kein Interesse/kenne ich nicht."
  „Umso wichtiger ist es, die Vorteile einer Zusammenarbeit zu prüfen."

- „Haben wir schon."
  „Das ist auch der Grund meines Anrufes. Nur so können Sie einen direkten Leistungsvergleich machen."

Gegenfrage

- „Zu teuer."
  „Wann haben Sie sich hiermit befasst?"
  „Woraus schließen Sie das?"
  „Was veranlasst Sie zu dieser Vermutung?"

- „Haben wir schon."
  „Welche Anwendungsmöglichkeiten gibt es in Ihren Filialen?"

- „Keine Zeit."
  „Wann haben Sie denn nächste oder übernächste Woche kurz Zeit?"

Andere Interpretation/Umdeuten

- „Keine Zeit."
  „Bedeutet das, Sie geben mir einen Termin, wenn ich Ihnen zeige, wie Sie in Zukunft Zeit sparen?"

- „Kein Geld."
  „Bedeutet das, Sie geben mir einen Termin, wenn ich Ihnen zeige, wie Sie in Zukunft Ihre Kosten senken können?"

- „Kein Interesse."
  „Bedeutet das, ich habe es noch nicht geschafft, Ihnen die Vorteile zu verdeutlichen?"
  „Ja."
  „Wann haben Sie Zeit für ein kurzes Gespräch, bei dem ich ..."

Das-spricht-Technik

- „Keine Zeit."
  „Das spricht aber doch nicht grundsätzlich gegen Einsparungen!?"

- „Kein Geld."
  „Das spricht aber doch nicht grundsätzlich gegen Überlegungen für die Zukunft!?"
- „Haben Lieferanten."
  „Das spricht aber doch nicht grundsätzlich gegen Ergänzungen/Verbesserungen!?"

Möglichkeiten, seinen Gesprächspartner von der Dringlichkeit seines Anliegens zu „überzeugen", gibt es genug. Wie Sie sie einsetzen, ist auch von der Situation und dem Kunden abhängig. Die eine Technik ist bei diesem, die andere wieder bei jenem Einwand hilfreicher. Zudem liegt es an *Ihrer Mischung* und *eigener Wortwahl*, ob der Eindruck des Breitschlagenwollens beim Kunden entsteht.

Die erfolgversprechendsten Methoden sind allerdings immer noch Ihre eigenen Gedankengänge. Auf diese Techniken brauchen Sie eigentlich nur zurückgreifen, wenn Ihr Denkapparat einmal eine unvorhergesehene Pause einlegen sollte. Auch hier gilt wieder: Weniger hilft mehr. Wenn Sie sich von Ihren Mitbewerbern unterscheiden wollen, sollten Sie nicht als wandelndes „Nachschlagewerk für Einwandbehandlung" umherlaufen.

Das Wichtigste für Ihre Einwandbehandlung

- Sehen Sie jeden *Einwand* des Kunden *positiv!* Er signalisiert Interesse an Ihrem Produkt oder einer Problemlösung.
- *Beugen Sie Einwänden* durch eine exakte Bedarfsermittlung vor.
- *Zerstreuen* Sie Einwände durch *Spürsinn* und *Feingefühl*.
- *Beantworten Sie Fragen realistisch* und *glaubwürdig*, um sich nicht in Zugzwang zu bringen.

- Akzeptieren Sie keine „Vorwands-Arien".
- Setzen Sie *nicht voraus, schaffen Sie Voraussetzungen!*

9. Sack zu – So kommen Sie zum Abschluss

> Vor einiger Zeit wollte ich einen Bekannten besuchen. Er wohnt zwar nicht weit von mir entfernt, die Strecke ist mit dem Auto aber sehr unangenehm zu fahren, sodass ich in Erwägung zog, die Bahn zu nehmen.
>
> Ich rief also bei der Auskunft der Deutschen Bundesbahn an, um mich unverbindlich nach einer Verbindung zu erkundigen. Nachdem mir die überaus freundliche Dame am Telefon einen günstigen Zug herausgesucht hatte, sagte Sie: „Ich würde Ihnen die Fahrkarte *gerne* schon so *vorbereiten*, dass Sie sie *nur noch abholen* müssen. Wäre Ihnen das recht?" „Wenn es keine Mühe macht", antwortete ich von so viel Zuvorkommen überrascht. Daraufhin fragte sie nach meinen persönlichen Daten, Anschrift usw., was die Dauer eines Fahrkartenkaufs am Schalter schon fast überschritt, weil Datenerfassung nicht jedermanns Sache ist und daher seine Zeit braucht. Zu guter Letzt bekam ich noch eine Kunden- und eine Bestellnummer, was mich mehr an ein Versandhaus als an die Bahn erinnerte. Zunächst wunderte ich mich ja noch über den zuvorkommenden Service. Dann aber fiel mir auf, dass ich ja gar keine andere Wahl mehr hatte: Ich musste die Fahrkarte abholen.

Auch wenn es keinerlei Konsequenzen gehabt hätte, sollte ich mich doch anders entscheiden. Ich hatte mich verpflichtet! Der Fahrschein lag für mich bereit und wartete darauf, abgeholt zu werden. Es wäre moralisch einfach nicht in Ordnung gewesen, ihn dort liegen zu lassen. Die junge Dame hatte sich sehr viel Mühe gegeben, und überdies war ich jetzt sozusagen ja aktenkundig. Ich war auf die Entsprechungs- oder auch Verpflichtungsregel hereingefallen, derer ich mich schon des Öfteren selbst bedient hatte.

Diese Regel besagt, dass wir jemanden – auch wenn es unverbindlich erscheint – eher dazu bewegen können, das zu tun, was wir möchten, wenn wir ihn es schriftlich fixieren lassen. Es gibt hier sehr viele Varianten. Eine hatte sich die Bundesbahn mit der Kunden- und Bestellnummer einfallen lassen. Meine Vorstellung, die Karte würde abholbereit am Schalter liegen, verstärkte meine Verpflichtung noch.

Ein Vertrag, der an eine Bedingung geknüpft ist oder ein Rücktrittsrecht beinhaltet, ist auch mit dieser Regel verwandt. Angenommen, Sie verkaufen Telefonanlagen. Sie haben mit dem Kunden die Größe der Anlage, den Preis und auch sonst alle Umstände geklärt. Im Grunde sind Sie sich auch einig, und weil Sie für speziell diese Anlage einen fantastischen Sonderpreis machen können, sind Sie guten Mutes, dass der Kunde unterschreibt. Jetzt eröffnet Ihnen Ihr Verhandlungspartner jedoch, dass er Ihr Angebot wirklich gerne wahrnehmen würde, wenn da nicht der Mietvertrag über die neuen Büroräume wäre, der im nächsten Monat noch unterschrieben werden muss. Vorher eine Telefonanlage zu ordern – das müssen Sie doch einsehen – wäre Leichtsinn. Was nun?

Zunächst einmal: Jeder abschlussorientierte Verkäufer klärt ab, ob der Kunde überhaupt handlungsfähig ist. Gerade bei Produkten, die der intensiven Beratung und Planung bedürfen, ist es nicht besonders einträglich, sich mehrere Stunden mit einem Kunden zu beschäftigen, der dann gar *nicht unterschreiben kann*.

Sichern Sie Ihren Umsatz

Da dies in unserem Fall versäumt worden ist, bleibt nur noch eine Möglichkeit, den fluchtgefährdeten Kunden zu „verhaften": Sie schreiben eine Zusatzvereinbarung, in der steht, dass dieser Vertrag nur zustande kommt, wenn der Mietvertrag über die betreffenden Büroräume abgeschlossen wird. Ob und wieweit das im Rechtsfall überhaupt nachprüfbar ist, sei dahingestellt. Das ist auch nebensächlich. Sie haben den Kunden zunächst einmal moralisch verpflichtet, die Telefonanlage bei Ihnen zu kaufen. Das ist von Bedeutung. Eines wird er jetzt allerdings nicht mehr tun, nämlich noch andere Anbieter aufsuchen. Überdies wird er nicht mehr auf die Idee kommen, dass andere Investitionen eventuell doch dringlicher sind. Mit nur einer mündlichen Zusage des Kunden stehen die Chancen vielfach gut, ihn niemals wiederzusehen. Anbieter von Telefonanlagen oder anderen Produkten oder Lösungen mit besonderen Angeboten gibt es nämlich mehr als ausreichend, und was manchen Kunden noch so „dazwischenkommen" kann, wissen Sie ja wohl aus eigener Erfahrung.

Dass eine solche Zusatzvereinbarung ihre Wirkung nicht verfehlt, sehen wir im direkten Vergleich zwischen Verkäufern, die diese Regel nutzen, und denen, die es nicht tun. Der Unterschied drückt sich, wie sollte es anders sein, im Umsatz aus.

Vor einigen Jahren lieferte ich ein Faxgerät an eine Kundin aus. Da ich an diesem Tag ohnehin in ihrer Nähe war – der Kundin erklärte ich selbstverständlich, nur für sie losgefahren zu sein –, ein solches Gerät nicht schwer ist und ich nicht aus Zucker bin, sprach wohl nichts dagegen. Außerdem ist es wohl selbstverständlich, sich auch nach dem Kauf um seine Kundschaft zu bemühen.

Nachdem wir die Funktionstüchtigkeit des Geräte überprüft hatten, sagte die Kundin entzückt: „Das ist ja toll. Dann kann ich jetzt ja endlich auch kopieren."

„Wie viele Kopien wollen Sie denn im Monat machen?", fragte ich einigermaßen erstaunt, weil von Kopieren vorher überhaupt nicht die Rede war.

„Na ja. Ich denke, so 150 bis 200 Stück."

„Das wird dann aber ein teures Hobby", gab ich ihr zu bedenken.

„Ich weiß, aber gute Kopierer sind so teuer. Selbst gebraucht kosten sie noch um die 1000 Euro."

„Das muss nicht sein. Glücklicherweise habe ich noch ein letztes, sogar generalüberholtes Gerät am Lager. Von der Größe her ist es geradezu ideal für Ihr Büro und das Kopiervolumen. Ihnen würde ich es für, sagen wir, 400 Euro überlassen."

„Das kaufe ich!", gab sie mir überzeugend zu verstehen. „Ich spreche heute Abend mit meinem Mann, und dann können wir den Vertrag machen." „Schön. Das freut mich."

Schon auf dem Weg zum Auto wurde mir klar, wie naiv ich doch war. Natürlich würde sie heute mit ihrem Mann reden. Allerdings nicht über den Kopierer.

Durch ihr überzeugendes „Das kaufe ich", hatte ich gar nicht daran gedacht, einen Vertrag mit Rücktrittsrecht abzuschließen. Sicherlich war sie in diesem Moment überzeugt von dem, was sie sagte. Im Laufe des Tages wurden dann jedoch andere Dinge wichtiger, sodass der dringende Wunsch nach dem Kopierer in den Hintergrund trat. Deshalb ist es wohl auch kaum verwunderlich, dass ich nie wieder etwas von der Kundin gehört habe.

Wäre ich damals nicht so unaufmerksam gewesen, hätte ich, wie in solchen Fällen üblich, einen Vertrag mit einem Rücktrittsrecht von drei bis vier Tagen gemacht. Eine plausible Begründung hierfür findet sich immer. Zum Beispiel: „Schauen Sie. In unserer Filiale haben wir fünf Verkäufer, jedoch nur ein Gerät dieser Güte und vor allem zu diesem Preis. Sie werden verstehen, dass jeder meiner Kollegen diesen Kopierer verkaufen möchte. So würden wir sichergehen, dass Sie die Maschine dann auch tatsächlich bekommen, wenn Sie mit Ihrem Mann gesprochen haben."

Selbstverständlich ist ein solcher Vertrag keine Kaufgarantie. Zumindest hätte sich die Kundin aber verpflichtet, die Sache überhaupt mit ihrem Mann zu besprechen. Da sie nicht den Eindruck machte, auf den Mund gefallen zu sein, hätte durchaus auch die berechtigte Hoffnung auf diesen Auftrag bestanden, wenn ihr Mann Einwände gehabt hätte.

Auch wenn es sich nur um einen Umsatz von 400 Euro handelte. Die Geschichte hat mich noch lange geärgert. Es geht einfach ums Prinzip. Mache ich einen Vertrag mit einer Zusatzvereinbarung bzw. einem Rücktrittsrecht, bekomme ich innerhalb eines festgelegten Zeitraums die konkrete Entscheidung und habe entweder ein Geschäft gemacht oder auch nicht. Verlasse ich mich auf mündliche Zusagen, kann ich genauso gut darauf warten, dass die Titanic im Hamburger Hafen einläuft.

Einige solcher Kunden sollen sich sogar hartnäckig bis zu sechs Monate lang in der Chancenliste gehalten haben, was übrigens nicht gerade für die Prognosegenauigkeit des Verkäufers spricht.

Druck erzeugt Gegendruck

Wenn Sie solche Verträge machen, sollten Sie grundsätzlich berücksichtigen, dass nicht jeder Mensch einfach etwas unterschreibt, nur weil es anscheinend einen unverbindlichen Charakter hat. Selbst bei einer wirklichen Occasion für den Kunden können Sie nicht davon ausgehen, dass Sie mit Ihrem Vorschlag Jubelschreie auslösen, sondern dass zunächst eine gewisse Hemmschwelle überwunden werden muss. Ein kurzes Beispiel soll zeigen, wie es keinesfalls geht:

> Einige Verkaufsleiter haben die unangenehme Eigenschaft, immer dann aufzutauchen, wenn man sie am wenigsten gebrauchen kann. Ihre Fürsorge geht oft so weit, dass sie den Verkäufer zum Kunden begleiten wollen. Besonders dann, wenn sie selbst Druck von oben bekommen, kommen sie mit, um zu zeigen, was sie alles noch so drauf haben. Erfahrungsgemäß können solche Aktionen fürchterlich in die Hose gehen. Ich hatte damals einen Interessenten für eine kleine Büromaschine. Es handelte sich um einen Handwerksbetrieb, der aus dem Chef, vier Angestellten und einem Hund bestand.

Da Handwerksleute ein Volk für sich sind, sollte man auch entsprechend mit ihnen reden. Wenn man dazu nicht in der Lage ist, sollte man es entweder tunlichst vermeiden, diesem Menschenschlag etwas verkaufen zu wollen oder, mit Verlaub gesagt, die Klappe halten. Wie sich zeigen sollte, konnte mein damaliger Verkaufsleiter weder das eine noch das andere.

Der Meister dieses Betriebes und ich verstanden uns prima, und es war im Grunde nur eine Frage der Zeit, wann er bestellen würde. Es gibt eben Leute, die ihre Zeit brauchen, bis sie soweit sind. Das sah mein „Skipper" nun wiederum ganz anders. Beflügelt von der Vorstellung, er könne mir eine Kostprobe seiner Verhandlungskünste geben, erinnerte er sich daran, dass er irgendwann etwas von dieser Verpflichtungsregel gehört hatte. Dieser Gedanke ließ ihm anscheinend keine Ruhe, sodass er dem Meister mehrmals vorschlug, einen „Optionsvertrag" mit uns abzuschließen. Das Wort Optionsvertrag allein betrachtet, war schon ein Haupthindernis für eine Einigung. Der Meister nämlich wusste nicht bzw. wollte nicht wissen, was dieses Wort überhaupt bedeutet.

Da ich meinen Chef auch nicht unbedingt bloßstellen wollte, erklärte ich unserem Gesprächspartner, was denn darunter zu verstehen war, worauf dieser uns deutlich zu erkennen gab, dass er daran nicht im Geringsten interessiert sei.

Das interessierte nun wiederum meinen Chef nicht. Im Gegenteil, es schien eher, als ob er jetzt erst recht motiviert sei, diesen völlig sinnlosen „Optionsvertrag" zu machen.

Daraufhin wechselte der Kunde die Gesichtsfarbe und erklärte meinem Verkaufsleiter, dass er kaufe, wann er wolle, und dass er nicht kaufe, wenn er nicht wolle. Etwas dazwischen gäbe es auf keinem Schiff, wie er sich auszudrücken beliebte. Und das in einem gehörig lauten Ton, sodass mein Vorgesetzter seinerseits auch endlich einmal Farbe ins Gesicht bekam.

Wie Sie sich wohl denken können, kam an diesem Tag keinerlei Vertrag zustande. Das erklärt sich nicht nur durch die bei diesem Kunden völlig unnötige Beharrlichkeit meines Chefs, sondern auch durch dessen unangemessene Ausdrucksweise.

Unsere Sprache ist praktisch der Klebstoff zwischen den Menschen. Je mehr dieser durch Worte, die der Gesprächspartner nicht versteht, verdünnt wird, desto weniger hält er. Anstatt Nähe wird Distanz geschaffen. Kein Wunder also, dass sich ein normaler Mensch zurückgesetzt fühlt, wenn er von einem vermeintlich schlaueren mit Fremdwörtern drangsaliert wird. Es ist durchaus legitim, Fachausdrücke zu verwenden, wo es angebracht ist. Wenn Sie allerdings Nähe und Vertrauen zu Ihren Kunden schaffen wollen, reden Sie bitte so, dass Sie verstanden werden. Andernfalls könnten Sie nämlich auf die Idee kommen, Sie führten nichts Gutes im Schilde.

Das gilt übrigens nicht nur für Menschen, die berufsbedingt andere von sich und ihrem Angebot überzeugen wollen. Es gibt genügend Beispiele: Patienten, die ihren Arzt nicht verstehen, Seminarteilnehmer, die den Trainer nicht verstehen usw. Weder eine Person noch eine Botschaft wird durch gekünstelte Rede interessanter oder gehaltvoller. Doktorarbeiten schreibt man an der Universität, nicht beim Kunden.

Nachdem mir später noch ein ähnliches Missgeschick mit meinem Oberverkäufer zustieß und mir ein Kunde daraufhin endgültig die Freundschaft kündigte, entgegnete ich der Frage meines Chefs „Herr Sickel, wollen wir heute gemeinsam rausfahren?" künftig: „Wieso? Wollen Sie was lernen?" Wenigstens dieses Problem hatte ich mir somit vom Hals geschafft. Ärger haben wir nämlich auch so schon genug. Es gibt natürlich auch andere Verkaufsleiter. Wirklich!

Vier Wochen später bestellte der Meister dann das Gerät übrigens bei mir. Er stellte jedoch die Bedingung, dass ich ihm weitere Besuche dieses – ich erwähne den Ausdruck lieber nicht – ersparen würde. Hätte ich den Kunden nicht einigermaßen gut gekannt, wäre es wohl auch mit diesem Umsatz „Essig" gewesen.

> *Sollte Ihr Gesprächspartner keinerlei Interesse haben, Ihr „unverbindliches" Angebot – sollte es aus Ihrer Sicht auch noch so einmalig sein – anzunehmen, versuchen Sie niemals, mit Gewalt etwas zu erreichen.*

Wenn Sie den Kunden bedrängen, wird er nämlich nicht nur an diesem Tag nicht bei Ihnen kaufen, sondern er wird niemals Ihr Kunde werden wollen. Die Verpflichtungsregel sollten Sie einzig und allein dazu verwenden, den Kunden in bestimmten Verhandlungssituationen einigermaßen elegant zu „verhaften".

Wir hatten damals oft generalüberholte, verhältnismäßig preiswerte Geräte im Angebot. Für neugegründete Firmen mit wenig Geld war das ideal. Nun ist es nicht jedermanns Sache, sich eine gebraucht aussehende Maschine ins Büro zu stellen. Bei Handwerkern mag das noch gehen, bei einer Anwaltskanzlei wird es da schon schwieriger. Viele Kunden hatten zudem die Vorstellung, dass sich ein solches Gerät nicht besonders repräsentativ unter den neuen Büromöbeln ausmachen würde.

Jemanden, der auf diese Äußerlichkeiten besonderen Wert legt, von der Güte eines solches Gerätes zu überzeugen, gestaltet sich meist sehr schwierig. Also ergab sich folgende knifflige Situation:

Die Kunden dachten nicht im Traum daran, eine Maschine, die auch in überholtem Zustand noch gute 10 000 Euro kostete, unbesehen zu kaufen. Für mich kam es nicht in Frage, ein Gerät mit diesem Wert ohne eine schriftliche Willenserklärung des Kunden in der Werkstatt zu bestellen, zumal ich das Wort *Probestellung oder Test* aus meinem Wortschatz gestrichen hatte.

Es ist nicht schwierig zu erraten, welche Art Vertrag nun gemacht wurde. Ein kurzer Satz, dass der Kunde ein kostenfreies Rücktrittsrecht von einem Arbeitstag nach Auslieferung der Maschine hat, reicht schon. Bei Probestellungen oder Tests ist es in der Regel so, dass der Käufer zum Tester wird und die ganze Angelegenheit auch so betrachtet. Für ihn ist es ein Test, mehr nicht. Unterschreibt er jedoch einen regulären Kaufvertrag mit Zusatzvereinbarung, erklärt er seine grundsätzliche Kaufbereitschaft. Hat er sich einmal verpflichtet, wird er beispielsweise bei einem Kratzer auf einer Abdeckung sagen: „Das tauschen Sie aber noch aus, bevor ich das Gerät bezahle." (Vorausgesetzt, es gibt keine anderen gravierenden Mängel.) Ein Test wäre hier im Zweifelsfall schon gescheitert.

Um allen Unwägbarkeiten aus dem Weg zu gehen, habe ich immer Folgendes getan: Nachdem das Gerät ausgeliefert war, ging ich mit dem Kunden alle Funktionen durch, und wenn es keinen Grund zur Beanstandung gab, fragte ich höflich nach einem Scheck. Selbstredend mit dem Hinweis, dass es im Falle der sofortigen Begleichung Skonto gäbe. Wir haben nie auch nur ein Gerät wieder mitnehmen müssen, und das Skonto dürfte bei einer steuerlich x-mal abgeschriebenen Maschine auch keinen ruinösen Gewinneinbruch darstellen. Fehler wurden übrigens auch noch nach späterer Entdeckung gerne von uns behoben.

Natürlich können Sie auch bei Neugeräten eine solche Vereinbarung treffen. Wie die Erfahrung zeigt, ist das in jedem Fall sicherer als eine Probestellung.

Zeigen Sie Flagge!

Irgendwann habe ich die Tatsache, dass etwas schriftlich Festgehaltenes bindender ist, für mich selbst genutzt. Dazu muss ich sagen, dass mir damals nicht klar war, dass es diese Regel überhaupt gibt. Das wurde auch nie in Verkaufstrainings erklärt. Diese Art Abmachungen wurde von den Verkäufern mit den Kunden getroffen, einfach, weil sie damit erfolgreicher waren. Immer, wenn ich einen Abschlusstermin hatte, bereitete ich die Verträge schon in der Firma vor. *Und zwar so, dass es jeder sehen konnte!* „Komm du uns bloß nicht mit zerrissenen Verträgen zurück", bemerkten meine Kollegen dann immer ironisch und sehr amüsiert. Ich fand es damals einfach nur dämlich, wenn manche Kollegen bei der

Frage des Chefs, ob es denn auch klappen würde, anfingen „rumzudrucksen": „Mal sehen." „Kommt darauf an, wie der Kunde gelaunt ist." „Vielleicht." „Ich glaube schon." „Wollen wir es hoffen" usw. Das ist dann so, als ob der Verkäufer zunächst einmal seine Glaskugel befragen muss, bevor er eine Prognose abgibt. Die Berufsbezeichnung Seher würde diesen Kollegen wohl eher gerecht werden.

Ich bin immer davon ausgegangen, dass der Kunde unterschreibt. Warum sollte ich denn sonst hinfahren? Eine kleine Mappe für die Vertragsunterlagen empfand ich für Abschlussgespräche immer als völlig ausreichend. Manche Kollegen schleppten dann noch ihre gesammelten Werke mit sich, um für alle Eventualitäten gerüstet zu sein. Ich habe mich immer gefragt, wozu die das brauchen. Damit die Verhandlung noch einmal bei Adam und Eva beginnen kann?

Wenn Sie so in ein Abschlussgespräch gehen, dann merkt auch Ihr Kunde, dass Sie sich *anscheinend selbst nicht sicher sind*, was Sie eigentlich wollen. Das hat auch nichts mit hartem Verkaufen zu tun, sondern damit, dass Sie nur das bekommen, wonach Sie fragen.

Manche Kollegen machen grundsätzlich *unverbindliche* Beratungstermine oder unverbindliche Probestellungen. Dann hoffen sie, dass sie oder ihr Produkt einen dermaßen nachhaltigen Eindruck hinterlassen haben, dass sie später zu einem unverbindlichen Abschlussgespräch geladen werden. Bei diesem Termin hoffen sie dann weiter, dass der Kunde von allein auf die Idee kommt, nach dem Vertrag zu fragen. Tut er aber nicht! Sie verkaufen nach dem *Hoffnungsprinzip*. Das aber hat bisher noch nie funktioniert. Um es mit Helmut Qualtingers Worten zu sagen: „Hoffnung allein behebt noch keine Reifenpanne."

Zeigen Sie Flagge, wenn es um ein Abschlussgespräch geht!

Streichen Sie folgende Worte aus Ihrem Wortschatz: vielleicht, eventuell, möglicherweise, unter Umständen, womöglich, wenn es geht, gegebenenfalls, es kann sein, es wäre denkbar, quasi, so gut wie, gewissermaßen. Auch wenn Sie sich scheuen, Verträge schon vor dem Kundenbesuch auszufüllen: Werden Sie konkret und seien Sie selbstbewusst. Sagen Sie sich und Ihren Kollegen, dass Sie an diesem Tag Ihren Umsatz machen werden.

Überlegen Sie bitte: Welche Umstände gibt es erfahrungsgemäß in meinem Bereich, auf deren Klärung ich keinen Einfluss nehmen kann, die aber den Kunden daran hindern, zu unterschreiben? Zum Beispiel: Kunde muss erst einen größeren Auftrag abwarten, Geschäfts- oder Ehepartner fragen, andere Finanzierungsart klären, zunächst einen Mietvertrag unterschreiben usw. Mit welcher Formulierung kann ich ihn schriftlich dazu verpflichten, diese Dinge in einem zeitlich begrenzten Rahmen zu klären? Wie kann ich diese Regel für mich selbst nutzen?

Nur was du schwarz auf weiß besitzt, kannst du getrost nach Hause tragen!

Die Geschichte mit Joseph Beuys – Nutzen Sie Ihre Chancen!

Ich hatte mir schon lange vorgenommen, einen bestimmten Hinterhof in der Kölner Innenstadt zu inspizieren. Hinterhöfe waren für mich immer Schatztruhen, weil ich nie von vornherein wusste, was ich dort finden würde. Es gibt dort meist kleinere Firmen, bei denen ein schnelles Geschäft möglich ist. Genauso gut können sich dahinter aber auch Firmen mit 50 Angestellten verbergen. Oder eben nichts, aber das macht die Sache ja so spannend und interessant.

Dieser Hinterhof war wohl der merkwürdigste, den ich je gesehen habe. Im Grunde genommen war es kein richtiger Hof, sondern ein „Hofgebäude". Im Inneren waren große Räume, deren Böden mit Parkett belegt waren. Ich schloss daraus, dass es sich um einen ehemaligen Getreidespeicher oder etwas in dieser Richtung handelte. Ich wollte schon wieder gehen, da mir alles ziemlich verlassen schien, als ich von einer der oberen Stockwerke Stimmen hörte. Vielleicht ist das Gebäude ja heute ein Lager? dachte ich mir. Ich ging also in die nächste Etage, in der ich drei junge Leute fand, die zwar nicht aussahen, als ob man mit ihnen Geschäfte machen könnte, dafür aber recht sympathisch wirkten. Um meine Anwesenheit zu begründen, stellte ich mich geschäftsmäßig vor.

Ich glaube, die jungen Leute mussten sich das Lachen ein wenig verkneifen, aber was sollte ich machen? In einem kurzen Gespräch fand ich heraus, dass es sich um Künstler handelte, die gemeinsam mit Joseph Beuys eine Aktion vorbereiteten. Es ging seinerzeit darum, Bäume zu pflanzen. Da mir das mit den Bäumen damals noch relativ egal war, bedankte ich mich für die aufschlussreiche Auskunft, wünschte den jungen Leuten noch viel Erfolg und verabschiedete mich höflich.

Es war zwei Wochen später, ich hatte Herrn Beuys und seine Freunde schon vergessen, als einer unserer Sekretärinnen im Büro ein Malheur mit dem Etagenkopierer passierte: Ein Original war im Vorlagenwechsler hängen geblieben, sodass die Kopie mit langgezogenen Buchstaben, die aussahen wie Bremsspuren, aus dem Automat kam. Ich kam zufällig vorbei und aus irgendeinem Grund rief ich nur „Halt", als sie das für sie nun unbrauchbare Blatt in den Papierkorb werfen wollte.

Heute weiß ich natürlich, dass mein – auf Verkaufen programmiertes – Unterbewusstsein dieses Papier mit den Künstlern in Verbindung gebracht hatte. Ich schaute mir diese ein wenig abstrakt geratene Kopie an und stellte fest, dass man so etwas ja auch als Kunst interpretieren könne.

Jetzt machte ich meine eigenen Versuche auf dem Kopierer. Ich zog Originale über das Vorlagenglas, während das Gerät lief, probierte dieses und jenes aus, bis ich etwa zehn „Kunstwerke" zusammen hatte. Mit dieser Verkaufsmappe fuhr ich dann zu meinen Künstlern, die sofort begeistert waren. Wie konnte es auch anders sein? Künstler sind offene Menschen, nur leider haben sie nie Geld. Das war in ihrem Fall aber nicht das Problem, da sie ja, wie gesagt, mit Joseph Beuys zusammen arbeiteten. Ich bot ihnen ein gebrauchtes Gerät für 3 000 Euro an.

Nach einer Woche konnte ich mir den vom großen Meister abgesegneten Vertrag abholen. Überlegen auch Sie einmal:

- Gibt es eine Zielgruppe für mein Produkt, die ich noch gar nicht beachtet habe?

- Was kann mein Produkt außer den Dingen, für die es hergestellt worden ist, noch leisten?

Es gibt viele Situationen im Alltag, die auf den ersten Blick nichts mit Verkaufen, Ihren Produkten oder Ihren Zielgruppen zu tun haben. Trotzdem: Bleiben Sie offen für Ideen, und nutzen Sie ihre Fantasie, um Ihren Wirkungskreis zu vergrößern.

Dabei wünsche ich Ihnen viel Spaß und Erfolg!

Literaturverzeichnis

Fink, Klaus J.: *Bei Anruf Termin.* Wiesbaden, 3. Auflage, 2005.

Gebhardt-Seele, Stephan: *Immer gute Auftragslage.* Wiesbaden, 3. Auflage, 2009.

Goldmann, Heinz M.: *Wie man Kunden gewinnt.* Berlin 2008.

Hagmeier, Ardeschyr: *Heute akquirieren – sofort profitieren.* Wiesbaden 2008.

Härter, Gitte: *Kundenakquise: Wie Sie der Welt sagen, dass es Sie gibt.* Berlin 2008.

Homburg, Ch. / Fargel, T.: *Customer Acquisition Excellence: Systematisches Management der Neukundengewinnung.* Mannheim 2007.

Lang, Ewald: *Die Vertriebs-Offensive.* Wiesbaden, 2. Auflage, 2009.

Magnus, Stephan / Vialon, Hans: *Tapfere Helden in der Akquise.* Weinheim 2006.

Ratzkowski, Jürgen: *Keine Angst vor der Akquise!* München 2007.

Saxer, Umberto: *Bei Anruf Erfolg.* München, 4. Auflage, 2008.

Schmidt, Hansjörg: *Sell clever! – Neukundengewinnung für Dienstleister.* Göttingen 2007.

Schumacher, Oliver: *Was viele Verkäufer nicht zu fragen wagen.* Wiesbaden 2010.

Verweyen, Alexander: *Erfolgreich akquirieren.* Wiesbaden, 2. Auflage, 2005.

Wenzlau, Andreas / Höfer, Ute / Siegert, Marcus / Wohlrab, Sabine: *Kunden Profiling.* Emmendingen 2003.

Der Autor

Christian Sickel lernte das Verkaufen in multinationalen Konzernen. Dort entwickelte er sich schnell vom Produkt- zum mehrfach ausgezeichneten Lösungsverkäufer. Heute unterstützt er mit seinem Team seine Kunden dabei, ihre Verkaufsproduktivität, ihr Umsatzwachstum und ihren Ertrag deutlich zu steigern. Das Erfolgsrezept ist einfach: „Niemals über den Preis, sondern immer über Nutzen an die richtigen Leute verkaufen und dem Kunden seinen Mehrwert sichtbar machen." Seine Devise: „Ohne Nutzen kein Verkauf!"

Zu seinen Kunden zählen unter anderem: Alstom, Apollo Optik, Boehringer-Ingelheim, Checkpoint Software Demag Cranes & Components, Hornbach, Infrontsports, Jeld wen Door Solutions, Pentax, Sanofi-Aventis, Syskoplan AG, Talaris Cash Systeme, Toshiba, T-Systems, Vedior, Vodafone D2 GmbH, vwd Group, Wincor Nixdorf.

Möchten Sie mit dem Autor Kontakt aufnehmen?
www.christiansickel.de